Der Geschmack von Aprikoseneis

Der Geschmack von Aprikoseneis

Le parfum d'Irak

Feurat Alani
Illustriert von Léonard Cohen
Aus dem Französischen von Annette von der Weppen

Karl **Rauch**

Vorwort
Sérigne M'Baye Gueye
alias Disiz

Ob Muntazer al-Zaidi* wohl Schweißfüße hatte? Ich hoffe es, denn dann hat dieser Held, als er George W. Bush seine Schuhe an den Kopf warf, ihn aber knapp verfehlte, vielleicht wenigstens die Geruchsnerven des US-Präsidenten für alle Zeiten traumatisiert.

Und wonach mag die Flüssigkeit in den Fläschchen gerochen haben, die Colin Powell dem UN-Sicherheitsrat gezeigt hat, diese angeblichen Beweise für die Existenz von Chemiewaffen, die am Ende zu Beweisen für die Lügen der Bush-Regierung wurden?

Für die Literatur ist der Geruchssinn eine echte Herausforderung. Marcel Proust hat ihn zu seinem Markenzeichen gemacht, Patrick Süskind zur Grundlage eines ganzen Romans. Und auch in der vorliegenden Salve von Tweets, die der großartige Journalist Feurat Alani im Sommer 2016 verfasste, spielt er eine wichtige Rolle. Während Bilder sich in den Verstand eingraben, bis in die Träume und Albträume hinein, setzt sich ein Geruch tief in unseren Eingeweiden fest. Kann man von Gerüchen träumen? Wie riecht der aufgewirbelte Sand nach der Explosion einer Streubombe? Wie riecht eine Leiche?

Feurat Alani und ich haben uns nur durch Zufall kennengelernt, beim Sport, weil mein Boxlehrer, genau wie Feurat, aus Nanterre stammt, einem Vorort von Paris. Eines Tages sind wir nach dem Training zu dritt essen gegangen. Feurat hat gesagt, dass ihm meine Musik gefällt. Dann hat er mir von sich und seinem Irak erzählt. Und ich war sofort fasziniert.

Feurat wurde als Sohn irakischer Eltern in Paris geboren und ist in Nanterre aufgewachsen. 1989, mit neun Jahren, besucht er erstmals den Irak und kehrt in den 1990er-Jahren noch mehrmals dorthin zurück. Dann wieder 2003. Und jedes Mal ist das Land von einem weiteren Krieg gezeichnet. In den tausend Tweets, die daraus folgen, dokumentiert er für uns – sensibel und mit allen Sinnen, insbesondere dem Geruchssinn – einen durch und durch menschlichen Irak. Seine Art der Berichterstattung ist dabei weit entfernt von der eines Guillaume Durand, der diesen Krieg auf dem inzwischen eingestellten Sender *La Cinq* im Hollywood-Tonfall kommentierte. Ungefähr so weit, wie die Kampfszene in einem Rocky-Film von einer echten Straßenschlägerei. Bei der ersten hört man nicht das Hämmern der Herzen, das Krachen der Fäuste. Man sieht nicht die verzerrten Gesichter, die lähmende Gewalt. Man spürt nicht, wie die Zeit stehenbleibt, eingefroren.

---

* Irakischer Journalist, der anlässlich einer Pressekonferenz am 14. Dezember 2008 George W. Bush mit seinen Schuhen bewarf.

Jeder weiß, dass hinter den Zahlen, die in den Nachrichten genauso nüchtern präsentiert werden wie Aktienkurse, Menschen stehen – Männer, Frauen und Kinder. Sie alle haben ein Leben, oder hatten jedenfalls eins ... Aber was war das für ein Leben? Wie war es, als Iraker unter Saddam Hussein zu leben? Wie sah der Alltag aus? Und wie fühlt es sich an, als Sunnit mit sunnitischem Namen in einem schiitischen Viertel zu leben? Oder als Schiit in einem sunnitischen Viertel? Wie riecht die Angst, inmitten all dieser Identitäten erkannt und enttarnt zu werden?

Aufgrund seiner Herkunft und seines Berufs konnte Feurat sich in beiden Zonen bewegen, der roten und der grünen. Das macht ihn zu einem ganz besonderen Beobachter, denn er hat beide Seiten gesehen, die der irakischen Bevölkerung, aber auch die der amerikanischen Soldaten ... Dank ihm hat der Irak ein Gesicht, Kinderhände, Bärte, Damenbinden, Geschlechtsverkehr, Menschen, die beten, und Menschen, die nicht beten, BMWs, Waffen, Menschen, die sich vor Angst übergeben, spielende Kinder ... Der Geruch des Irak besteht nicht nur aus Bomben, archäologischen Stätten oder in Zelten verkosteten landestypischen Speisen und Gewürzen wie bei *Lawrence von Arabien*. Am Ende ist der Duft des Irak der Duft eines Volks, das jedem anderen Volk dieser Erde gleicht.

Mit seinen kurzen, Haiku-artigen Sätzen gelingt Feurat etwas, das zugleich einfach und doch einzigartig ist: die Seele eines Landes in 140 Zeichen zu beschreiben und dann mal tausend zu nehmen. 140.000 Zeichen: so viele Erinnerungen und noch mehr Gefühle. *Der Geschmack von Aprikoseneis* hat etwas von Michael Herr und seinem Buch *An die Hölle verraten* – ein fast schon Camus-artiger Bericht über die Absurdität des Krieges.

Feurat ist ein Magier, im mittelalterlichen Sinn des Wortes. Dank ihm verwandeln wir uns im Lauf der Seiten in aufmerksame, mitfühlende, aber niemals indiskrete Mäuschen. Feurat beschreibt uns den Irak nicht nur, er lässt ihn uns erleben, bis in unsere Eingeweide hinein. Seine Tweets entwickeln den Sog einer virtuellen Realität, lassen uns eintauchen in ein Land, das wir nicht kennen und das uns im Grunde auch nie wirklich interessiert hat. Denn solange der Krieg nicht vor unserer eigenen Haustür stattfindet, sind wir natürlich irgendwie betroffen, aber oft auch ein bisschen gleichgültig.

In diesem Buch ist jeder Tweet eine Tür. Wer es liest, steht auf der Schwelle, direkt vor diesem Krieg, direkt vor diesem Volk.

Juli 2018

Für Yasser

1989 Meine erste Reise in den Irak. Aprikosenduft. »Niemals den Namen von Saddam aussprechen.«

Iran-Irak-Krieg
Im September 1980 überfällt der Irak den Iran. Seine Ziele sind vielfältig: Zum einen will er den Schatt al-Arab »zurück-erobern«, den 200 Kilometer langen Zusammenfluss von Tigris und Euphrat, der in den Persischen Golf mündet, sowie das iranische Khuzistan. Zum anderen der Islamischen Revolution den Todesstoß ver-setzen, die er für gescheitert hält.

01 Der #Iran-Irak-Krieg ist vorbei. Im Oktober 1989 schickt uns mein Vater für zwei Monate in seine Heimat. Ich bin neun und soll endlich den Irak sehen.

02 Mein Vater kann noch nicht mitkommen. Als junger Mann war er ein Gegner des Regimes. Er weiß nicht, ob er schon ohne Risiko zurückkehren kann.

03 Arabischer Empfang am Flughafen Bagdad: um die hundert Verwandte erwarten uns. Ich trage eine blaue Krawatte und werde von Arm zu Arm gereicht.

04 Die Familie meiner Mutter lebt in Bagdad, in den Vierteln Mansour, Amiriya, Adhamiyah und Yarmouk. Mein Vater kommt aus Falludscha, damals noch ein »unbedeutendes Nest«.

05 Ich bemerke drei bärtige Männer in Armeeuniform, die sich teilnahmslos im Hintergrund halten. Das sind drei meiner Onkel aus Falludscha.

06 Das Erste, was mir an Bagdad auffällt, ist seine Modernität. Der Flughafen, Iraqi Airways, die breiten Straßen, die Laternen, die amerikanischen Autos.

07 Traditionsgemäß beginnt der Familienbesuch bei den Ältesten und endet bei den Jüngsten. Also erst Yarmouk, dann Mansour, dann Amiriya. Die Häuser sind riesengroß, Bagdad ist eine prachtvolle Stadt.

Saddam Hussein
Irakischer Staatsmann, gebo-ren am 28. April 1937 in Al-Audscha bei Tikrit, am 30. Dezember 2006 in Bagdad durch den Strang hinge-richtet. Von 1979 bis 2003 Präsident der Republik Irak.

08 Meine Cousine flüstert mir ins Ohr, niemals den Namen von #Saddam Hussein öffentlich auszusprechen. Meine 6-jährige Schwester hält das für ein Spiel und brüllt ihn laut heraus, auf der Straße.

09 Meine Cousine packt uns und sperrt uns in ihr Auto. Auf dem Heimweg ist sie außer sich vor Wut. Erst jetzt begreife ich den Ernst der Situation.

10 Nach einer Woche in Bagdad ist die Zeit gekommen, unsere Onkel in Falludscha zu besuchen. Sie erwarten uns. Also auf, Richtung Westen!

11   Drei meiner Onkel fahren mit mir nach Falludscha: Emad, Ayad und Ryad. Alle drei Soldaten. Acht Jahre haben sie im Kampf gegen den Iran verbracht.

12   In Falludscha fällt mir als Erstes auf, dass die Straßen hier deutlich schlechter sind als in Bagdad. Ich komme mir vor wie auf dem Land.

13   Wir fahren durch das ärmliche Dschulan-Viertel, das 2004 in aller Munde sein wird... Das Haus ist schlicht, aber geräumig und hat einen Hühnerstall.

14   Mein Onkel Ryad schlägt vor, ein Stück den Euphrat hinunterzufahren. Der Fluss ist türkisblau. Eine grüne Brücke führt über ihn hinweg, von den Briten erbaut.

Blackwater
Ein von Erik Prince gegründetes, privates US-amerikanisches Sicherheitsunternehmen, dessen Soldaten im Irak und in Afghanistan eingesetzt wurden. Trug anfangs den Namen *Blackwater USA*, dann *Blackwater Worldwide*. Am 13. Februar 2009 in Xe Services umbenannt, im Dezember 2011 in *Academi*.

15   Auch diese Brücke wird 2004 traurige Berühmtheit erlangen. Vier Söldner von #Blackwater, angeblich »verirrt«, werden getötet und an der Brücke aufgehängt.

16   Wir sind in einem ›Barasili‹ unterwegs. Alle Offiziere in Falludscha fahren diesen in Brasilien hergestellten VW Passat, das Auto der einfachen Leute.

17   Wir halten am Flussufer an. Mir ist langweilig. Mein Onkel leiht mir seine Pistole. Eine echte. Ich trage sie im Gürtel und tue manchmal so, als ob ich schieße...

18   Zurück in Dschulan ist mir immer noch langweilig. Es gibt kein Spielzeug. Mein Onkel nimmt die Kugeln der Waffe, verstreut das Schwarzpulver auf dem Boden.

19   Dann steckt er das Pulver mit dem Feuerzeug an. Funken erhellen die Küche. Ich denke an meine Schwester in Bagdad, die bestimmt gerade ein Eis isst.

20   Der Besuch in Falludscha zeigt mir eine andere Realität. Mir wird klar, dass meine Onkel eher bescheiden leben. Und Vorbehalte gegen Bagdad haben.

21 Nachts schlafen wir auf der Terrasse. Der Himmel über Falludscha ist sternenklar. Esel schreien. Hunde bellen. Karawanen sehe ich keine.

22 Am nächsten Tag sehe ich mir mit Onkel Ryad ein Fußballspiel auf einem Sandplatz an. Dann spielen wir Billard in einem Saal, der für Frauen verboten ist.

23 Ich treffe meine Cousins und Cousinen: Ahmed, der Mike Tyson ähnlich sieht. Und Loubna, dunkle Haare und blaue Augen, die Tochter meines Onkels Saad.

24 Onkel Saad hinkt. Im Krieg gegen den Iran hat er seinen halben rechten Fuß verloren. Er bekommt staatliche Unterstützung. Onkel Jamal neben ihm lacht.

25 Onkel Jamal hat im Krieg ein iranisches Flugzeug abgeschossen und eine Medaille erhalten. Mir fällt auf, dass alle meine Onkel eine ›Glücks‹-Zahnlücke haben.

26 Wir essen im besten Restaurant von Falludscha: *Haji Hussein*. Der Kebab-Spezialist. Alle LKW-Fahrer halten bei ihm.

27 Dann fahren wir zum *Souk* im Stadtzentrum, nahe der 40. Straße. Ich lerne erstmals einen arabischen Markt kennen, laut und staubig, aber sehr unterhaltsam.

28 Spätes Mittagessen bei Bibi Samia, der Stiefmutter meines Vaters. Wir sitzen auf dem Boden. Sie ist die Chefin. Alle Mannsbilder hören ihr andächtig zu.

29 Sie kneift mich in die Wange, fragt mich nach meinem Vater und fragt Onkel Jamal, ob er vielleicht mal einen Blick auf »die Liste« werfen kann.

30 Auf dieser Liste sind alle irakischen Oppositionellen im Exil aufgeführt. Auch der Name meines Vaters steht da. Vielleicht wird er irgendwann mal gestrichen.

Friedhof der Märtyrer
Ehemaliger
Fußballplatz des
Sportvereins
Falludscha, der im
April 2004, nach der
ersten Schlacht um
Falludscha, als provi-
sorischer Friedhof
genutzt wurde.
Mehr als 3000
Aufständische und
Zivilisten sind hier
begraben.

Badr Shakir as-Sayyab
بدر شاكر السياب
(24. Dezember 1926 –
24. Dezember 1964)
gilt als Vorreiter
der modernen ara-
bischen Lyrik und
Mitbegründer des
freien Versmaßes
in der arabischen
Literatur.

31 In Dschulan werde ich oft von neugierigen Kindern angesprochen. Sie wissen, dass ich im Ausland lebe. Man stellt mir Fragen über Frankreich.

32 Wir spielen Fußball auf einem Sportplatz gleich neben einer Moschee. Niemand ahnt, dass dieses Feld fünfzehn Jahre später der #Friedhof der Märtyrer werden wird.

33 Ich besuche noch mal meinen Cousin Ahmed. Nach dem Tod seines Vaters musste er die Schule verlassen und arbeiten gehen, um die Familie zu ernähren.

34 Er arbeitet auf dem Markt und schleppt von morgens bis abends Gemüsekisten. 2004 wird er dann Waffenkisten schleppen. Sein Schicksal.

35 Der zweite Nationalsport, nach dem Fußball, ist die Dichtkunst. Mein Onkel Emad ist Poet und Schreiber. Er übernimmt den Schriftverkehr für Leute, die Analphabeten sind.

36 Abends liest er gern Gedichte vor, eigene und die von #as-Sayyab. Er ruft auch gern zum Gebet und beobachtet verstohlen, ob ich zuschaue. Und zuhöre.

37 Mein Eindruck von Falludscha ist der einer rauen Stadt, konservativ, unbedeutend. Allmählich finde ich mich in ihr zurecht.

38 Wenn es dunkel wird, überkommt mich die typische Unruhe eines Stadtkindes. Die Stille am Abend gefällt mir gut. Die Langeweile weniger.

39 Nach einer Woche bei meinen Onkeln ist die Rückkehr nach Bagdad eine Erleichterung. Ich schäme mich für dieses Gefühl, als ich die Trauer in ihren Blicken sehe.

40 Wir trennen uns an der Autobahnausfahrt nach Abu Ghraib. Mein Cousin Ziad aus dem Mansour-Viertel holt mich ab. Meine Onkel heben die Hand. »Fimallah«, wie man hier sagt.

41 In Mansour halten wir an einer Eisdiele. Ich koste von dem besten Eis, das ich je gegessen habe. Aprikose. Der Duft von Bagdad.

42 Am nächsten Tag fahren wir auf das Gut von Onkel Aziz, dem Bruder meiner Mutter, das er als Ferienhaus nutzt. Es gibt *Masgouf*, den hier heimischen Karpfen.

43 Onkel Aziz ist ein Pferdenarr. Er hat einen Rennstall mit Arabischen Vollblütern. Die Leute, die sie versorgen, stammen aus Ägypten und dem Sudan.

44 Meiner Familie in Bagdad geht es sehr viel besser als der in Falludscha. Manchmal höre ich eine leichte Herablassung in ihren Worten. Stadt gegen Land.

45 Diesen Dünkel gibt es sogar innerhalb von Bagdad, zum Beispiel zwischen dem reichen Mansour-Viertel und dem ärmeren Amiriya, zumal dort auch viele Leute aus Falludscha leben.

46 Wir kehren in die Stadt zurück. Mein Vater ruft an und ermahnt meine Schwester und mich, für die Schule zu lernen. Schließlich fehlen wir mitten im Schuljahr.

47 Unsere Cousine Selma in Bagdad hat einige Jahre in Poitiers gelebt. Sie spricht Französisch und hält eine Stunde mit uns ab. Das bleibt allerdings der erste und letzte Unterrichtstag unserer Ferien.

48 Übers Wochenende fahren wir nach Mossul. Damals ein typisches Reiseziel für Leute aus Bagdad, weil es dort kühler ist. Die örtliche Spezialität: *Min al Sama*.

49 *Min al Sama* bedeutet ›vom Himmel gefallen‹, ein mit Kardamom gewürztes Nougat. Seinen Geschmack habe ich nie vergessen. Ebenso wenig wie Mossul.

50 Den Rest der Zeit sind wir abwechselnd in Bagdad und Falludscha. Ein unvergesslicher Sommer, die erste Begegnung mit dem Land meiner Herkunft, dem Irak.

51   In Paris gehe ich in die dritte Klasse zurück.
Alle nennen mich »den Wiedergänger«, weil ich zwei
Monate lang weg war, natürlich mit Erlaubnis
der Schulleitung.

52   Meine Freunde stellen mir Fragen über den Irak.
Ich erzähle ihnen von Bagdad und Falludscha. Madame
Girard bittet mich, einen kleinen Vortrag zu halten.

53   Ich rede vor allem über Bagdad. Alle sind von
meiner Beschreibung überrascht. Ein modernes Land,
ganz anders als die Klischees, die auch ich dazu
im Kopf hatte.

54   Für mich geht das Schuljahr ganz normal zu Ende.
Nicht so für meine Schwester, die in der Ersten ist und
Mühe hat, den Rückstand in Mathe aufzuholen.

55   August 1990. Eine Tante aus Bagdad kommt uns mit
ihren Kindern besuchen. Der Sommer fängt gerade erst
richtig an. Der Albtraum auch.

56   Am 2. August marschiert Saddam Hussein in Kuwait
ein. Ein Cousin jubelt. Meine Cousine hingegen weint
und sagt ahnungsvoll: »Das ist das Ende des Irak.«

57   Zu Hause herrscht große Aufregung. Wie wird die
internationale Gemeinschaft antworten? Mein Vater
glaubt an einen blutigen Krieg und den Sturz ins Chaos.

58   Die Reaktion ist tatsächlich von nie gekannter Härte.
Bagdad wird bombardiert. Wir sitzen vor den 20-Uhr-
Nachrichten. Die Luftabwehr zerreißt den Himmel.

59   Mein Vater hat getrunken. Er steht vorm Fernseher
und brüllt »Auf geht's, Brüder!«. Ich denke an meine
Onkel, die sicher gerade irgendwo kämpfen.

60   Die ersten Bilder irakischer Kriegsgefangener sind
zu sehen. Ich finde keine Worte für das, was ich bei
diesem Anblick empfand.

61 Am nächsten Tag auf dem Schulhof reden alle von dem »Feuerwerk« am irakischen Himmel. Meine Mitschüler starren mich an.

62 Ich bin offenbar der einzige Iraker an der Schule. Ich weiß nicht, wie ich mich verhalten soll. Meine Freunde sind aus dem Mahgreb oder von hier. Darüber reden wir zum ersten Mal.

63 Ich spüre, wie sorglos Kinder Worte gebrauchen. Und fürchte ihre Gewalt. Kader, der aus Marokko stammt, ist meine erste Enttäuschung.

64 Naiverweise hoffe ich auf die Solidarität meiner arabischen »Brüder«. Aber seine ersten Worte sind: »Hast du den Krieg im Fernsehen gesehen? Wie im Film ...«

65 Und er fährt fort: »Die Amerikaner haben euch gefickt! Ihre Armee ist die stärkste der Welt!« Dann lacht er. Zutiefst verletzt balle ich die Fäuste.

66 Ich bin zehn Jahre alt. Zum ersten Mal prügele ich mich aus politischen Gründen. Die Schulleiterin zitiert mich zu sich. Ich erkläre ihr die Situation.

67 Sie hört zu und sagt dann, dass sie viel an den Irak denkt. Dass sie mitfühlt. Da ist der gesuchte Rückhalt, ganz unverhofft. Madame Crespi lächelt mich an.

68 Sie kommt mehrmals zu uns nach Hause und erkundigt sich nach unserer Familie im Irak. Weint zusammen mit meiner Mutter und meinem Vater.

69 Einmal glaubt meine Mutter, meinen Cousin Mahmoud unter den irakischen Gefangenen zu erkennen. Die Ähnlichkeit ist verblüffend. Doch er ist es nicht.

70 Wir ziehen um und verlieren Madame Crespi aus den Augen. Die #Operation Wüstensturm ist beendet. Sechsunddreißig Länder haben meines zerstört.

Operation Wüstensturm
(engl.: *Desert Storm*) Eine von den Vereinten Nationen beschlossene und von den USA im Rahmen einer internationalen Koalition angeführte Operation, die vom 17. Januar bis zum 28. Februar 1991 andauerte und der irakischen Besetzung Kuwaits ein Ende setzte. Sie markiert die blutigste Phase des Golfkriegs.

Embargo
Am 6. August 1990
beginnende
Wirtschaftsblockade
gegen den Irak infolge
des Einmarschs in
Kuwait. Sie dauert
mehr als zwölf Jahre
und endet erst
im Mai 2003, wobei
Teilsanktionen noch
über Jahre aufrecht-
erhalten werden.

71   Das #Embargo gegen den Irak soll das härteste sein,
das je verhängt wurde. Drei Jahre sind seit meiner
ersten Reise vergangen. 1992 kehren wir zurück.
Auch diesmal ohne meinen Vater.

72   Es gibt keine Direktflüge mehr nach Bagdad.
Man landet in Jordanien und nimmt dann das Auto.
Zwölf Stunden Fahrt. Ich fürchte mich vor dem,
was mich erwartet.

73   Am irakischen Grenzübergang Tarbil wird unser
Geländewagen von oben bis unten gefilzt. Erst nach
fünf Stunden lassen die #*Moukhabarat* uns durch.

Moukhabarat
مخابرات
Irakischer
Sicherheits- und
Nachrichtendienst.

74   Auf der Wüstenstraße passieren wir Rutba, Ramadi
und Falludscha und erreichen gegen Morgen Bagdad.
Wir halten vor dem Haus meiner Tante in Mansour.

75   Diesmal ist der Empfang nicht so groß.
Das Mansour-Viertel ist immer noch schön, aber vom
Krieg gezeichnet. Ich sehe eine zerstörte Brücke.

76   Das Embargo richtet großen Schaden an.
Die irakische Währung ist abgestürzt. Es gibt kaum
noch Medikamente. Doch die Iraker bauen ihre Stadt
wieder auf.

77   Ich treffe meine Cousins und Cousinen wieder.
Sie sind im Krieg aufgewachsen. Ich behütet in Paris.
Das wird mir jetzt bewusst. Ich entdecke den irakischen
Sinn fürs Praktische.

78   Wir laufen durch die Straßen von Mansour, Mazen,
meine Schwester, Cousine Hasna und ich, um Bonbons
zu kaufen. Betreten einen kleinen Kramladen.

79   Zu unserer Bestürzung gibt es weder die
Schokoriegel noch die Bonbons, die wir hier 1989
gekauft haben. Kein *Bounty*, kein *Mars*, kein *KitKat*.

80   Der Irak darf keinen Zucker mehr importieren.
Statt Bonbons gibt es nur in Papier gewickelte Datteln.
Meine Schwester bricht in Tränen aus.

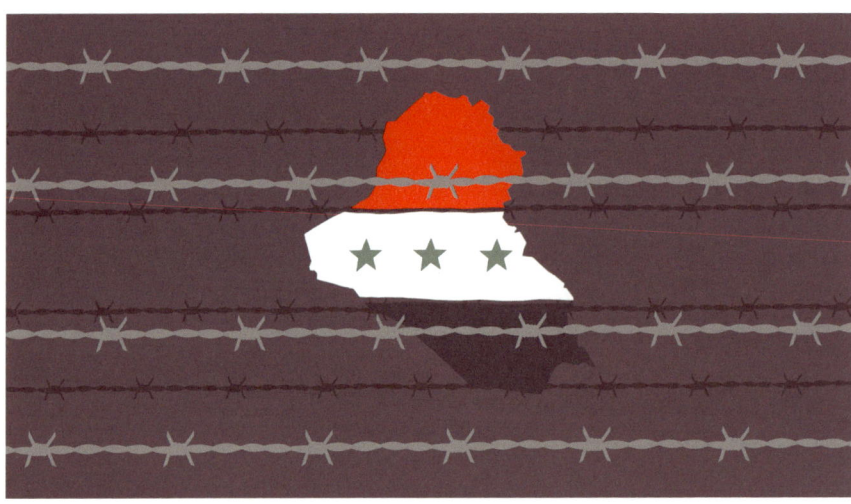

81 Die Süßigkeiten, die uns 1989 so selbstverständlich waren, gibt es nicht mehr. Keine Schokolade, kein Eis. Immer wieder fällt der Strom aus. Der Sommer ist heiß. Für uns ist das ein Schock.

82 Wir sind bei meiner Tante Khamael im Amiriya-Viertel, im Westen Bagdads. Ich sehe die Kinder wieder, die ich hier 1989 kennengelernt habe.

83 Abends spielen wir Fußball auf der Straße. Alle außer mir sind barfuß. Einmal treffe ich aus Versehen einen vorbeikommenden Radfahrer. Er fällt hin.

84 Als ich mich bei ihm entschuldige, erkenne ich ihn. Er hat 1989 auf dem Markt von Falludscha gearbeitet. Seitdem sind viele von dort nach Bagdad gezogen.

85 Nach dem Fußballspiel erzählen die Kinder von den Sirenen. Von den Bombardements. Der Flucht aufs Land. Und von dem Bunker, der bombardiert wurde.

Bunker von Al Amiriya
ملجأ العامرية
Luftschutzbunker, der während des Golfkriegs von der amerikanischen Luftwaffe zerstört wurde.

86 Am 13. Februar 1991 schlagen zwei Tomahawk-Raketen in den #Bunker von Amiriya ein. 408 Zivilisten, Frauen und Kinder, die dort Zuflucht gesucht haben, kommen ums Leben.

87 Unter den Opfern waren auch meine Großtante und ihre Enkelin. Der Bunker ist seitdem eine Gedenkstätte, mit den Namen und Bildern der Opfer an den Wänden.

88 In dieser Nacht kann ich nicht einschlafen. In der Dunkelheit stelle ich mir vor, wie die Flammen durch den Bunker rasen. Die Angst. Die Schreie. Die Stille.

89 Kaum zu glauben, dass hier vor einem Jahr noch Krieg war. Inzwischen ist das Leben nach Bagdad zurückgekehrt. Hupen. Hochzeiten. Normalität.

90 Ich besuche Tarek, einen Bruder meines Vaters. Er lebt im Doura-Viertel, im Süden von Bagdad. Er ist Witwer, mit drei Töchtern und einem Sohn.

91 Doura ist ein armes Viertel. Die Häuser sind einfacher als in Mansour und Amiriya. Mein Onkel hat nur einen kleinen Salon, von dem zwei Zimmer abgehen.

92 Mein Cousin Ziad ist sechzehn. Er ist mager und hat dunkle Haut. Er stellt mir viele Fragen über Frankreich. Vor allem über die Mädchen.

93 Wir laufen durchs Viertel. Bonbons gibt es keine mehr, aber frisch gepresste Säfte. Meine Lieblingssorte ist *batteekh*: Melone.

94 Onkel Tarek ist der ältere Bruder meines Vaters. Er hat blaue Augen. Eine hohe Stirn. Wenn er raucht, sehe ich durch den Qualm meinen Vater vor mir.

95 Mein Onkel leidet unter dem Verlust seiner Frau. Er sorgt allein für seine vier Kinder. Nicht leicht während des Embargos. Ziad musste die Schule verlassen.

96 Er arbeitet auf dem Markt, verkauft alles Mögliche, repariert auch mal was. Mit sechzehn schon ein Improvisationstalent. Ich bewundere ihn.

97 Aber Ziad hat einen Herzfehler. Wenn er nicht in den nächsten Jahren operiert wird, geben ihm die Mediziner keine fünfzehn Jahre mehr.

98 Er wird einen Herzschrittmacher brauchen. Nicht so einfach in einem Land, in dem es wegen des Embargos nicht einmal genug Spritzen und Medikamente gibt.

99 Erst jetzt wird mir klar, wie gut es mir in Frankreich geht, und dass die Prioritäten hier ganz andere sind. Ich fühle mich privilegiert. Und schuldig.

100 Ziad stellt mich den Kindern des Viertels vor. Ich trage ein *Nike*-Shirt und *Reebok*-Schuhe. Die darauf folgende Szene werde ich niemals vergessen.

1992 ## Wir verbringen den Rest des Sommers in Bagdad. Zurück in Frankreich, erzählen mir meine Freunde von ihren Ferien am Meer.

101 Ziad erzählt all seinen Freunden, dass ich direkt aus Paris komme. Die Kinder treten näher. Ein Dutzend von ihnen umringt mich, aber ohne Aggressivität.

102 Sie lächeln mich an. Stellen mir Fragen. Ich sehe, wie die Jungs in meinem Alter über meine *Reebok*-Schuhe und mein *Nike*-Shirt staunen.

103 Ich fühle mich unbehaglich, denn wegen des Embargos sind hier Sportmarken schwer zu bekommen und fast unbezahlbar. Und ich stehe hier, inmitten von Kindern, die davon träumen.

104 Selbst die Älteren, wie die Freunde von Ziad, wollen meine Reeboks anfassen. Der Älteste hält mir einen Schlüssel hin. »Mein Auto gegen deine Schuhe.«

105 Ich halte das für einen Scherz. »Ich bin doch erst zwölf«, antworte ich. Er beharrt darauf. Ziad sieht meine Verlegenheit. Wir verabschieden uns höflich.

106 Als Ziad und ich uns an diesem Tag trennen, gehe ich mit einem Gefühl der Scham. Mir wird alles geschenkt. Und ihnen alles genommen.

107 Meine Familie ist in Frankreich alles andere als reich, aber es geht uns gut. Langsam glaube ich, dass mein Vater uns genau deshalb hierherschickt.

108 Ungeduldig erwarte ich meine Onkel aus Falludscha. Ich will ihnen zeigen, wie groß ich geworden bin. In einem schrottreifen VW Passat holen sie mich ab. Ich will meinen Fluss wiedersehen.

109 Gegen Abend kommen wir bei meinem Onkel Saad an. Im Garten lockt uns Grillgeruch. Ich habe Hunger. Das irakische *kebab* ist fertig.

110 Mein Onkel hinkt stärker als 1989. Er bräuchte eine Spezialbehandlung für seinen amputierten Fuß. Aber die gibt es einfach nicht. Das Embargo sagt Nein.

111 In Falludscha hat sich die Lage weiter verschlechtert. Der Krieg ist hier durchgekommen und hat noch mehr Armut, noch mehr Verfall hinterlassen.

112 Das Embargo ist hier noch deutlicher sichtbar. Der Markt spiegelt das wachsende Elend wider. Die Gesichter sind gezeichnet. Jedes Lächeln eine Lüge.

113 Im Haus in Dschulan sind alle versammelt: Bibi Samia, meine Onkel Ayad, Emad, Jamal, Ryad, Mohamed und meine Tanten Nahla und Souad.

114 Bibi Samia strotzt immer noch vor Energie, trotz ihres Alters. Sie übertönt alle anderen. Klagt über die Behandlung der irakischen Soldaten.

115 Meine Onkel haben alle im Krieg gekämpft. Jamal gehörte zur Flugabwehr. Das »Feuerwerk« im Fernsehen, das war er.

116 Ayad hat drei seiner Männer verloren. Diesmal gibt es keine Medaille. Und auch kein Geld, angesichts der Entwertung des Dinar. Er ist wütend.

117 Sein Sold? 3000 irakische Dinar. Davon kann man sich nicht viel kaufen. Deshalb muss er arbeiten gehen. Ein Großteil der Offiziere fährt nebenher Taxi.

Baath-Partei
حزب البعث
Sozialistische Partei der arabischen Wiedergeburt, 1947 in Damaskus gegründet, mit dem Ziel, alle arabischen Staaten in einer großen Nation zu vereinen.

118 Unter den Armeeangehörigen in Falludscha wächst die Unzufriedenheit. In den Ortsgruppen der #Baath-Partei wird Saddam Hussein inzwischen offen kritisiert.

119 Mir fällt ebenfalls auf, dass die Moscheen sehr viel mehr Einfluss haben als noch 1989. Der religiöse Eifer in Falludscha ist größer geworden, sichtbarer.

120 Die Mitglieder der Baath-Partei, auch mein Onkel Ayad, praktizieren jetzt offen den Islam. Unter dem Blockade-Druck passt die Baath-Partei sich unauffällig an.

121   Meine Onkel sind die Söhne von Bibi Samia, der ›Chefin‹, und damit die Halbbrüder meines Vaters, dessen Mutter starb, als er sieben Jahre alt war.

122   Die Mutter meines Vaters hatte drei Söhne und eine Tochter, bevor sie starb. Mein Vater war der jüngste der Brüder. Und damit auch der verletzlichste.

123   Seine Halbbrüder waren noch nicht geboren oder noch ganz klein. Bibi Samia hat ihm das Leben schwer gemacht. Tägliche Schikanen und Demütigungen.

Britische Besatzung
Der Irak ist keine Kolonie, wird aber 1920 unter britisches Mandat gestellt, das 1932 endet, als das ›Königreich Irak‹ seine Unabhängigkeit erklärt.

124   Mein Großvater sah das nicht oder wollte es nicht sehen, zu sehr von seinen bescheidenen Lebensverhältnissen nach der #britischen Besatzung in Anspruch genommen. Mein Vater litt und schwieg.

125   Meine Onkel bringen ihm eine unerschütterliche Verehrung entgegen. Als mein Vater volljährig wurde und nach Bagdad ging, hat er ihnen Geld geschickt.

126   Statt seine Halbbrüder zu schikanieren, hat er sie immer respektvoll und freundlich behandelt.

127   Ihre Augen leuchten, wenn sie von meinem Vater sprechen. Unter Saddam Hussein saß er aus politischen Gründen zwei Monate lang im Gefängnis Qassar Al Nihaya.

128   Verhaftet wegen Verteilung von Flugblättern gegen Saddams zunehmend autoritäres Regime. Als er wieder rauskommt, wartet niemand auf ihn.

129   1972 geht er nach Frankreich, angezogen von den revolutionären Ideen der Linken. Er will Abstand gewinnen, bevor er in sein Land zurückkehrt.

130   Aber er kommt nicht zurück. Erst 1989, nach dem Ende des Irankriegs, hören seine Brüder und Halbbrüder wieder von ihm. Ob er jetzt zurückkehrt?

131 Ich begegne erstmals dem ältesten Bruder meines Vaters, Khaled. Er ist ein Sufi-Mystiker. Mein Vater hat immer gesagt, er bete in jeder wachen Sekunde.

132 Ich weiß nicht, was Sufismus ist, und stelle mir eine Art tanzenden Derwisch vor. Onkel Khaled ist ein #Naqshbandiya. Einer der ersten Sufi-Orden.

133 Sein Bart ist weiß, sein Blick ruhig, seine Stimme sanft. Seine ganze Erscheinung strahlt eine Aura des Friedens aus. Ich mag ihn sofort.

134 Wie mein Vater erzählt, war Onkel Khaled schon immer sehr in sich gekehrt. Er ist Imam einer Moschee in Saqlawiyah, einem Dorf bei Falludscha.

135 Ich erfahre, dass wir von einer Linie von Imams abstammen, deren letztes Glied er ist. Er stellt mir Fragen über mein Leben. Seine Augen sind blau.

136 Sein Sohn Walid begrüßt mich. Er ist groß und schlank, wie mein Onkel Ayad. Er wird Onkel Khaleds Nachfolger in der Moschee von Saqlawiyah.

137 Die spirituelle Atmosphäre in diesem Haus beeindruckt mich tief. Wenn Onkel Khaled die Treppe herunterkommt, habe ich den Eindruck, dass er schwebt.

138 Dieses Charisma hat ihm, so mein Vater, schon mal das Leben gerettet. Als strenggläubiger Muslim weigerte sich mein Onkel, in die Baath-Partei einzutreten.

139 Er wurde ins örtliche Parteibüro zitiert, wo ein paar Beamte ihm den Tod androhten, sollte er sich noch länger weigern. Das war damals so üblich.

140 Wie Khaled später erzählte, hatte sein Glaube ihm jede Angst genommen. Seine Antwort lautete: »Niemals werde ich einer Partei von Ungläubigen beitreten.«

141 Offenbar beeindruckt von so viel Selbstsicherheit, haben die Beamten ihn anstandslos ziehen lassen. Onkel Khaled wurde nie wieder belästigt oder bedroht.

142 Meine Mutter stammt ebenfalls aus Falludscha. Ihr Vater, noch vor ihrer Geburt verstorben, war eine angesehene Persönlichkeit, in Falludscha wie in Bagdad.

143 Giddu Khalaf gehört zu den Ersten in Falludscha, die ein Auto besaßen. Nach seinem Tod hinterlässt er seiner Familie sowohl Vermögen als auch Land.

144 Anfang der 1950er-Jahre zieht meine verwitwete Großmutter von Falludscha nach Adhamiya, ein historisches Viertel in Bagdad rechts des Tigris.

145 Ein Teil der Familie bleibt in Falludscha. Sie besitzt große Häuser, mehrere Geschäfte und ist sehr viel wohlhabender als die Familie meines Vaters.

146 Die Familien meiner Eltern pflegen keinen Kontakt. Das soziale Gefälle ist groß, auch wenn #Stammesangehörige, Bauern und Städter durchaus zusammenleben können.

147 Jung, wie ich war, konnte ich damals noch nicht ahnen, wie wichtig diese ›soziale Frage‹ im Irak nach 2003 werden würde. Ich komme später darauf zurück.

148 In Falludscha spielt der Familienzusammenhalt eine wesentliche Rolle, um das Embargo zu überstehen. Meine Onkel helfen einander, wo sie nur können.

149 Jeder bringt nach Hause, was er kann. Das Leben ist nicht leicht, aber es geht weiter, weil jedes Familienmitglied das Seine dazu beiträgt.

150 1992 arbeitet das ganze Land, trotz des Embargos, eifrig an seinem Wiederaufbau. Die Stimmung unter den Irakern ist gut.

Stämme, Bauern, Städter ...
Mit dem zunehmenden Verfall der nationalen Identität, auch wenn sie rudimentär noch vorhanden ist, wächst auch die Zersplitterung der irakischen Gesellschaft auf lokaler, regionaler, ethnischer bzw. Stammes-Ebene. Selbst zwischen 1920 und 1980, als der Irak unter der Führung politischer und/oder militärischer Gruppen, die ein autoritäres, aber modern ausgerichtetes Regime anstrebten, nach außen als säkularer Staat erschien, gehorchte er im Innern weiterhin den Regeln der Blutsverwandtschaft und Stammeszugehörigkeit (für die Ibn Khaldun den Begriff ›Asabiya‹ prägte).

151 Wir verbringen den Rest des Sommers in Bagdad. Wieder in Frankreich, erzählen mir meine Freunde von ihren Ferien am Meer. Ich erzähle ihnen von meinen.

152 Zwei Jahre später, 1994, fällt Saddam Hussein eine wichtige politische Entscheidung und erlaubt den ehemaligen Oppositionellen, ins Land zurückzukehren.

153 Wurde auch der Name meines Vaters von der ›Liste‹ gestrichen? Onkel Jamal arbeitet beim Nachrichtendienst. Er bestätigt, dass mein Vater zurückkehren kann.

154 Anfang Juli 1995 fliegen wir alle zusammen nach Jordanien und fahren weiter in den Irak. Wie wird mein Vater das Land nach 23 Jahren Exil erleben?

155 Wird er sich noch an die Straßen von Falludscha erinnern? An die Adresse seiner Wohnung in Bagdad? An das Gefängnis, in dem er eingesessen hat?

156 Mein Herz zieht sich zusammen. Was, wenn das eine Falle ist? In jener Zeit dringen nur wenige Informationen nach außen. Wir landen morgens in Amman.

157 Noch am selben Tag fahren wir los. Am irakischen Grenzübergang herrscht Chaos. Es gab einen Vorfall. Ein Mann hat versucht, eine Waffe einzuschmuggeln.

158 Angeblich war sie unter einem Dattelhaufen hinten auf seinem Laster versteckt. Die Stimmung ist nervös. Die *Mukhabarat* nehmen fast jedes Auto auseinander.

159 Unser Geländewagen wird komplett gefilzt. Ein Beamter fordert uns auf, ihm zu folgen. Wir kommen aus Frankreich, das erregt ihre Aufmerksamkeit.

160 Wir sollen uns setzen. Ich lege einen Knöchel aufs Knie, ohne zu bemerken, dass meine Schuhsohle auf diese Weise in Richtung Schreibtisch zeigt.

161 Der Offizier der *Mukhabarat* starrt mich an, brüllt los. Befiehlt mir aufzustehen. Meine Sohle war auf sein Gesicht gerichtet, er ist außer sich vor Wut.

162 Für ihn ist das eine Beleidigung. Meine Mutter steht auf: »Er ist doch erst 15, wie soll er das wissen?« Der Mann beruhigt sich. Mein Vater schaut mich an.

163 Ich sage nichts und weiche dem Blick dieses Wichtigtuers lieber aus. Sonst verlieren wir nur noch mehr Zeit. Er nimmt meinen Vater ins Verhör.

164 Am Ende lässt er uns gehen, aber wir sitzen fast zwölf Stunden lang an der Grenze fest, bei 50° C im Schatten. Die Hölle. Meine Schwester kann nicht mehr.

165 Bei Sonnenaufgang am nächsten Tag erreichen wir Bagdad. Wir haben 24 Stunden im Auto verbracht. Auf der Straße des 14. Juli gibt es einen Verkehrsunfall.

166 Ein trauriger Anblick. Einer der Insassen liegt auf dem Boden. Die Rettungskräfte sind da. Der Sommer beginnt mit einem Toten. Das gefällt mir nicht.

167 Bei meiner Tante Enaam angekommen, werfe ich mich erschöpft in einem der Zimmer aufs Bett. Ich habe seit 24 Stunden nicht mehr geschlafen.

168 Gegen Abend werde ich vom Klappern des Geschirrs geweckt. Es sind schon viele gekommen. Ich höre die Stimme meines Vaters.

169 Wir sind im Yarmouk-Viertel, das mir, neben Jadria und Abu Nuwas, am besten gefällt. Ich laufe mit Mazen durch die Straßen. Er ist genauso alt wie ich.

170 Mazen ist der Sohn meiner Tante Khamael aus dem Amiriya-Viertel. In den 1980er-Jahren war sein Vater Gouverneur der Kut-Provinz.

171 Trotzdem ist er nie in die Baath-Partei eingetreten. Saddam wollte die westlichen Stämme auf seine Seite ziehen. Doch der Stamm steht manchmal über der Partei.

172 1989 war ein irakischer Dinar dreieinhalb Dollar wert. 1995 bekommt man für einen Dollar 2000 Dinare. Eine ökonomische Katastrophe.

173 Die Preise explodieren, der Dinar stürzt weiter ab. Die wenigen Medikamente, die man überhaupt bekommen kann, sind exorbitant teuer.

174 Die Liste der verbotenen Produkte reicht von einfachen Grundnahrungsmitteln bis zu so gut wie allen pharmazeutischen Produkten. Warum?

175 Mindestens 500 000 Säuglinge sterben infolge des Embargos. Das Regime instrumentalisiert die Bilder dieser Tragödie im irakischen Fernsehen.

176 Uns werden schreckliche Bilder gezeigt. Kranke Säuglinge, hungernde Kinder in Bagdad und Basra, nach den Bombardements von 1991.

177 Die Stimmung der Iraker kippt. Das Embargo ist kaum noch zu ertragen. Der Hunger und die fehlenden Medikamente, das ist einfach unmenschlich.

178 Das Embargo sollte das Regime schwächen, hat es aber nur stärker gemacht. Laut verflucht das Volk dieses Leben, und nur leise verflucht es Saddam.

179 Ist das vielleicht das Ziel der Blockade? Das Volk zu schwächen? Es all seiner Möglichkeiten zu berauben, zu isolieren und dann eines Tages zu ›befreien‹?

180 1995 wird im Irak kein Fleisch mehr gegessen. Selbst bei meiner ehemals reichen Tante Soumaya in Mansour gibt es kaum noch welches. Zu teuer.

181 An diesem Tag aber werden, uns zu Ehren, dann doch Hühnerschenkel serviert. Ein abgemagertes Kätzchen miaut zu meinen Füßen.

182 Ich gebe ihm ein Stück von meinem Huhn. Meine Cousine Raghad schreit mich an. »Die Iraker hungern und du fütterst eine Katze?« Eine Ohrfeige.

183 Eine Frage, die ich mir bis heute stelle: Warum verbietet die #UNO die Einfuhr von Nahrungsmitteln wie Zucker und Mehl?

184 Bei einem Spaziergang durch Mansour erzählt mir Mazen, was ihm am meisten fehlt: Schokolade und Eis. Eis ist verboten, sagt er.

185 Ich lache. Aber das ist kein Scherz. Der Verkauf von Eis und Sorbets wurde 1995 von Saddam Hussein verboten. Der Grund?

186 Wegen des Zuckermangels, den das rigorose Embargo verursacht, darf kein Zucker mehr für Süßigkeiten vergeudet werden.

187 Aber wie für alle verbotenen Dinge – Drogen, zum Beispiel – gibt es auch einen Schwarzmarkt für Eis. Und auch das ist kein Scherz.

188 Unser Auto hält vor einem Haus im Mansour-Viertel. Meine Cousine Raghad fordert mich auf, mit ihr auszusteigen. Es muss ganz schnell gehen.

189 Wir klingeln. Eine Frau macht auf und mustert uns schweigend. Dann kommt sie mit zwei Plastik-eimern zurück. Geldscheine wechseln die Hände.

190 Wie Drogensüchtige rasen wir mit unserem Stoff davon. Mir ist zum Lachen. Aber noch mehr ist mir in dieser Hitze danach, das verbotene Eis zu kosten.

191 Ich öffne den Eimer. Drinnen leuchtet es in allen Farben. Der gelbe Teil erinnert mich an Aprikoseneis. Zu viert stürzen wir uns auf den unerlaubten Genuss.

192 Ich weiß nicht, was wirklich drin ist, aber einen Moment lang sehe ich den Irak von 1989 vor mir, sechs Jahre früher. Der Duft von Bagdad ist noch da.

193 In Falludscha sieht mein Vater nach 23 Jahren seine Brüder wieder. Bibi Samia umarmt ihn. Alle sind da. Onkel Emad weint.

194 Ein großes Tuch wird auf dem Boden ausgebreitet, mit einer Vielzahl von Gerichten darauf. Wir essen. Mein Vater redet viel. Bibi Samia auch. Ich stelle mir die beiden vor vierzig Jahren vor.

195 Dann kommt der Tee. Meine Onkel vertrauen sich meinem Vater an wie Kinder. Sie erzählen ihm vom Krieg. Wer tot ist, wer noch lebt, wer geflohen ist.

196 Anders als in den 1950er-Jahren bestimmen in Falludscha mittlerweile die Moscheen den Tagesablauf. Zur Stunde des Gebets erheben sich meine Onkel.

197 Mein Vater bleibt sitzen. Zwei Generationen treffen aufeinander. Sie haben nicht die gleiche Geschichte. Heute ist Falludscha die ›Stadt der Moscheen‹.

198 Ganz auf sich gestellt, hat die Stadt im Golfkrieg große Schäden erlitten. 1991 werden auf einem Markt 1360 Zivilisten von einer britischen Bombe getötet.

199 In Falludscha ist der Groll gegen die Amerikaner schon sehr gewachsen. Außerdem wird die Stadt durch das Embargo immer mehr von Bagdad isoliert.

200 Sie entwickelt eine eigene Identität. Mein Vater findet sich nicht mehr zurecht, kennt weder Straßen noch Häuser wieder. Alles hat sich verändert.

1995 Wenn man jemanden schätzt, sagt man »*A khalik Al Rassi*« – »Ich stelle dich auf meinen Kopf«.

201   Wir fahren an seiner alten Grundschule vorbei. Nach dem Unterricht hat mein Vater *Samites*, ein Sesambrot, auf der Straße verkauft. Da war er sechs.

202   Der Euphrat. Früher, sagt mein Vater, haben die Jugendlichen oft Melonen im Flussbett vergraben und sie dann abends schön kühl wieder rausgeholt.

203   Wir besuchen Khaoula, die Schwester meines Vaters. Seit dem Tod ihres Mannes lebt sie in sehr ärmlichen Verhältnissen. Ihr Sohn Ahmed ist auch da.

204   Der Teenager von damals ist inzwischen 18, kräftig gebaut und immer noch sehr umtriebig. Er arbeitet auf dem Markt und ernährt so die Familie.

205   Meine Onkel sind auch da. Die Stimmung ist gelöst. Wir scherzen und lachen. Ich mache Armdrücken mit Ahmed und verliere nur knapp.

Abaya
عباية
Traditionelles Kleidungsstück der Frau, das ›über den anderen‹ getragen wird: ein schwarzer Umhang, der bis auf Hände, Füße und Gesicht den ganzen Körper bedeckt. Kann mit dem *niqab* getragen werden, einem Schleier, der nur die Augen freilässt.

206   Tante Khaoula ist klein und trägt die schwarze #*Abaya*. Sie lächelt nur selten. Wenn sie mit meinem Vater spricht, liegt Trauer in ihrem Blick.

207   Tante Khaoula ist Witwe und wird nur von ihren beiden Söhnen unterstützt. Ich frage mich, warum es keine Hilfe für diese alleinstehende Frau gibt.

208   Ihr Haus ist eigentlich keins. Nur ein Zimmer, die Wände aus unverputzten Ziegeln. Das Dach ist an einigen Stellen undicht. Es zerreißt mir das Herz.

209   In Falludscha kann man nicht viel unternehmen. Ich spiele nicht mehr mit den Waffen meiner Onkel. Und Onkel Emads Gedichte sind nicht mehr so fröhlich.

210   Bibi Samia, die ›Chefin‹, redet immer noch viel. Sie erzählt Anekdoten aus der Kindheit meiner Onkel. Sie muss eine strenge Mutter gewesen sein.

211 Um diese Soldatenschar zu erziehen, brauchte es sicher Autorität. Immer wieder muss ich daran denken, wie sie meinen Vater behandelt hat.

212 Am Ende hat es das Schicksal aber doch gut mit ihm gemeint. Meinem Vater geht es, trotz des schwierigen Lebens in Frankreich, erheblich besser als ihnen.

213 Wir besuchen erstmals meine Tante Souad. Sie wohnt in einem kleinen Haus aus grauen Betonsteinen im Stadtteil Shuhada.

214 Tante Souad hat blaue Augen. Ihre Kinder sind jünger als ich. Im Schlafzimmer steht eine Spieluhr, auf der sich eine Tänzerin dreht.

215 Wir setzen uns zum Essen, die Hauptbeschäftigung bei Familienbesuchen. Die irakische Küche ist vielseitig. Am liebsten mag ich *Tachrib*.

216 Ein Arme-Leute-Essen: arabisches Brot in einer roten oder weißen Soße mit Lauchzwiebeln. Und wenn möglich, mit Fleisch.

217 Das macht satt, ist preiswert und praktisch, wenn man zu zehnt um den Tisch sitzt. Ich liebe dieses Gericht. Jedes Land hat sein Arme-Leute-Essen.

218 Die *Paëlla* in Spanien, der *Kuschari* in Ägypten, der *Thieb* im Senegal. Oft sind sie die bekanntesten Gerichte. Und die besten.

219 Den *Tachrib* im Magen folge ich meinen Cousins auf die Straße. 50° C im Schatten. Die anderen spielen Fußball. Ich sitze daneben. Ich mag lieber Basketball.

220 Mein Onkel Ryad holt mich mit dem Auto ab. Er gestikuliert viel. In zwei Jahren kann er die Armee verlassen und an die Uni zurückkehren.

221   Er nimmt mich mit in ein traditionelles Café, wo man Domino und *Tawli* – Backgammon – spielt. Der Tee fließt in Strömen und Zigarettenqualm steigt auf.

222   Zu dieser Zeit ist in Falludscha noch nichts verboten. Man bekommt CD-Roms, Zigaretten, spielt Billard. Träumt von einer glücklichen Zukunft.

223   Ich scheine mir als Einziger Sorgen um Falludscha zu machen. Damals ist die Stadt noch zu unbedeutend. Ein Durchgangsort auf dem Weg nach Bagdad.

224   Ich schlendere mit meinem Vater durchs Zentrum. Er erklärt mir, dass Falludscha eine starke Identität entwickelt hat, mit und auch ohne Bagdad.

225   Mit Bagdad, weil viele Falludschis dort studieren und sich vielleicht sogar niederlassen wollen. Das hat natürlich Einfluss auf die Stadt der Moscheen.

226   Und ohne Bagdad, weil Falludscha auch eine eigene Geschichte hat. 1920 war es eine Hochburg des Aufstands gegen die Briten.

227   Die Ermordung eines Offiziers seiner Majestät war einer der Auslöser für die landesweite Revolte gegen die britische Besatzung.

228   Die Stadt wird in vielen Liedern über die Revolution von 1920 besungen. Der Name Falludscha löst ruhmreiche Erinnerungen aus. Und Stolz.

229   Die sunnitischen Stämme haben viel zum Selbstbewusstsein dieser Stadt am Euphrat beigetragen. Wir bleiben an seinem Ufer stehen.

230   Mein Vater erzählt, dass er im Euphrat schwimmen gelernt hat und dabei fast ertrunken wäre, weil es an manchen Stellen gefährliche Strömungen gibt.

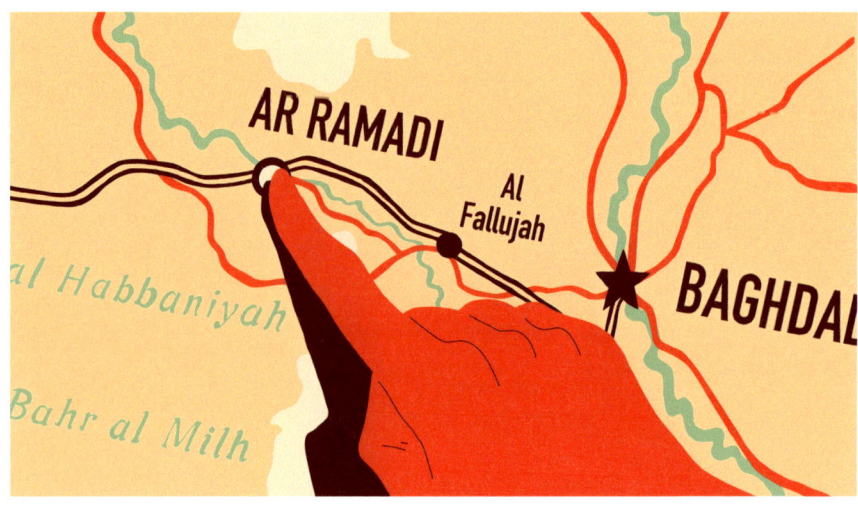

231 Sein Wasser ist türkisfarben. Kinder springen
von der grünen Brücke hinein. Wir kehren um und
verbringen unseren letzten Abend in Falludscha.

232 Morgen fahren wir nach Ramadi, zu Udai, meinem
Cousin mütterlicherseits. Ramadi ist die größte Stadt
der Provinz Anbar, 130 km westlich von Bagdad.

233 Ramadi ist sehr viel beeindruckender als
Falludscha. Im Zentrum wimmelt es von Menschen.
Die Häuser sind prachtvoll. Rundherum nichts
als Wüste.

234 Wir wohnen bei meiner Tante Makarem, der
Witwe meines Onkels Adil, einem Piloten der irakischen Luftwaffe. Sie hat zwei Kinder, Mai und Udai.

235 Mai ist die Ältere. Sie lächelt viel und nimmt mich
und meine Schwester gern in den Arm. Udai trägt das
Trikot der französischen Fußballnationalmannschaft.

236 Er ist der größte Fan dieser Mannschaft,
den ich kenne. Er weiß alles über sie, hat ihre ganze
Geschichte auswendig gelernt. Er bewundert Platini.

237 Ich bringe ihm einige Ausgaben von *Onze Mondial*
mit, um die er mich gebeten hat. Diesen Gefallen tue
ich ihm jedes Jahr. Hier gibt es diese Zeitschrift nicht.

238 Wenn ich ihm das Datum irgendeines Spiels aus
dem Jahr 1960 nenne, kann er mir sofort aufzählen,
welcher Spieler in welcher Minute ein Tor erzielt hat.

239 Ein Kenntnisreichtum, um den ihn all seine
Freunde in Ramadi beneiden. Sein Cousin Hussein ist
für Brasilien. Sie ziehen sich gegenseitig auf. Ich lache.

240 Udai ist ein Fan des französischen Teams, seit er
uns 1982 in Poitiers besucht hat, als in Spanien die
Fußballweltmeisterschaft stattfand. Da war ich zwei.

241 Die Spiele hat er offenbar alle im Fernsehen verfolgt. Frankreich verliert mit Platini im Halbfinale. Udai ist trotzdem völlig begeistert.

242 Mit dieser Liebe zu Frankreich, ein paar Platini-Stickern und einem Trikot kehrt Udai nach Ramadi zurück. Das alles hat er auch 1995 noch.

243 In Ramadi lerne ich die verschiedenen Stämme der Provinz Al-Anbar kennen. Udai ist ein *Joumaily*, ursprünglich aus Garma, unweit von Falludscha.

244 In sozialen Belangen spielt der Stamm eine wichtige Rolle, nicht selten eine entscheidende. Lokale Konflikte werden oft unter den Stämmen geregelt.

245 Saddam misstraut den Stämmen, wie Udai mir erzählt. Er ließ sogar den *Nisba*, den Stammesnamen, aus den Ausweisen entfernen.

246 Der Konflikt zwischen Staatsbürgerschaft und Stammeszugehörigkeit ist nicht neu im Irak. Ist der Staat schwach, sind die Stämme stark, und umgekehrt.

247 Dennoch versucht Saddam während des Embargos, die Stämme für sich zu gewinnen. Er bewaffnet sie und überträgt ihnen die Aufgaben der Lokalpolizei.

248 Udai hat seinen Vater Adil nie kennengelernt. 1973 stürzte er mit seiner MiG-21 über dem Habbaniyah-See zwischen Falludscha und Ramadi ab.

249 Udai war damals erst ein Jahr. Seine Mutter Makarem hat nie wieder geheiratet. Onkel Adil trägt in der Familie den Beinamen ›der Löwe‹, wegen seines Charismas.

Ahmad Hassan al-Bakr
أحمد حسن البكر
Von 1968 bis 1979
Präsident
der Republik Irak.

250 1969 hat ihn das Regime #al-Bakr in die UdSSR geschickt, nach Krasnodar. Um ihn an eben der MiG-21 zum Piloten auszubilden, die sein Grab werden sollte …

251 Einige sprechen von Sabotage. Onkel Adil stand damals al-Bakr nahe, nicht Saddam. Aber Udai kann keine Untersuchung fordern. Zu gefährlich.

252 Als ich Onkel Adil auf einem Foto sehe – in seiner Uniform, eine Breitling-Uhr am Handgelenk und mit festem Blick – ist er für mich sofort ein Held.

253 In Ramadi lerne ich auch, was der Begriff *Dulaimi* bedeutet, der vom Namen des größten Volksstammes der Provinz Al-Anbar abgeleitet ist.

254 *Dulaimi* steht für Großzügigkeit. Die Dulaimi sind in jeder Hinsicht großzügig: In ihrer Rede, ihrer Beharrlichkeit, ihrer Gastfreundschaft und vor allem bei der Bewirtung ihrer Gäste.

255 In Ramadi werden wir überall, ob bei Familie oder Freunden, wie die Könige empfangen. Noch großzügiger als in Bagdad oder Basra.

256 Im Taxi zum Beispiel bietet der Fahrer seinen Fahrgästen immer eine Zigarette an. Die Höflichkeitsfloskeln sind sehr bildhaft.

257 Wenn man jemanden schätzt, sagt man »*A khalik Al Rassi*«, also: »Ich stelle dich auf meinen Kopf«. Man macht sich kleiner, um den anderen zu erhöhen.

258 Ich merke mir diese Wendungen. Wenn jemand die Uhr an meinem Handgelenk bewundert, muss ich antworten »gidamek« – »sie gehört dir«.

259 Selbstverständlich lehnt mein Gegenüber das Angebot dann ab. Letztlich geht es nur um eine etwas theatralische Geste der Höflichkeit.

260 In Ramadi herrscht sogar ein Wettbewerb der Großzügigkeit. Am großzügigsten ist der Clan, der die meisten Schafe für seine Gäste schlachtet.

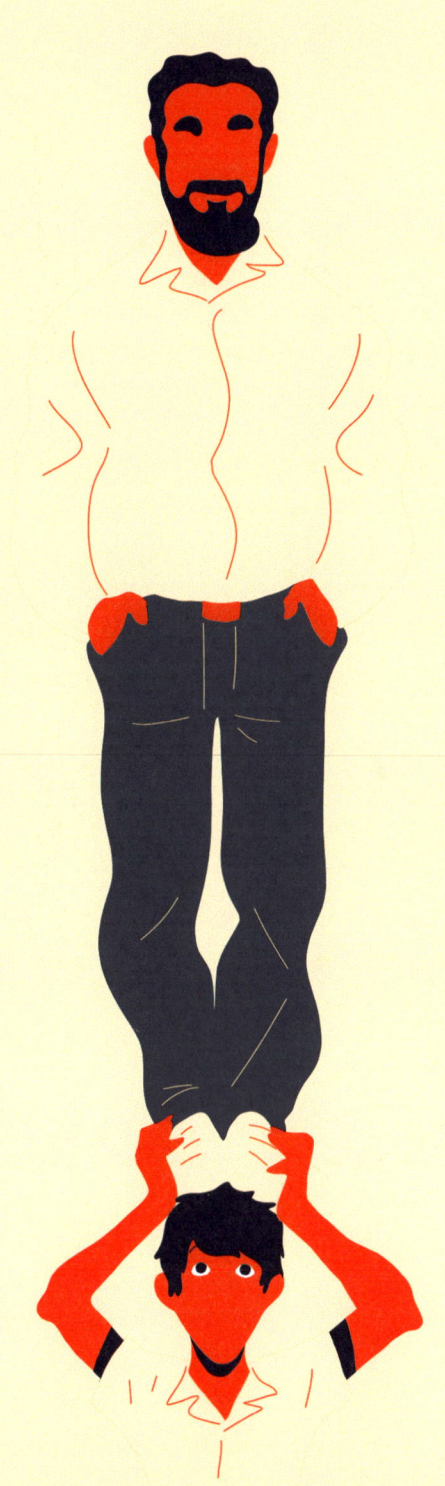

261 Wir gehen mit Udai in ein Restaurant im Zentrum. Von drinnen hört man Geschrei. Ein Streit? Ja, darum, wer die Rechnung bezahlen darf.

262 Udai sagt, es wurden schon Waffen gezogen, wenn ein Scheich sich in seiner Ehre gekränkt fühlte, weil man ihn nicht bezahlen ließ. Gefährliches Theater ...

263 Wieder in Bagdad, hat mein Vater einige wichtige Termine. Ich wohne eine Woche bei Mazen. Wir spielen Basketball im #Nadi Al Seid, dem *Hunting Club*.

Nadi Al Seid
Hunting Club
Privatclub im
Mansour-Viertel von
Bagdad, Treffpunkt
der irakischen Elite.

264 Tagsüber wird hier Sport gemacht, abends feiert die Elite ihre Partys. Dort steht auch der *burj Saddam*, mit 205 Metern der höchste Turm Bagdads.

265 Ganz oben im Turm gibt es ein Panorama-Restaurant. Der Blick ist atemberaubend. Saddam Husseins Sohn Udai soll ein häufiger Gast sein.

266 Das Essen ist gut. Der Club ist ein Ort, wo es trotz des Embargos noch jeden Luxus gibt. Unten hungert das Volk. Die Diskrepanz ist erschütternd.

267 Es gibt also jene, die leiden, und es gibt diese kleine Blase der Privilegierten. Zu ihr gehört der in Mansour lebende Teil meiner Familie mütterlicherseits.

268 Onkel Aziz ist Vertreter für *L'Oréal* im Irak. Seit 1995 ist die Einfuhr dieser Produkte verboten. Also stellt er seine Shampoos jetzt selbst her.

269 Meine Cousine Taghrid ist die Nase der Fabrik. Sie bestimmt den Duft der neuen Shampoos. Das Problem: Er bleibt beim Waschen nicht in den Haaren hängen.

270 Eine entscheidende Zutat fehlt, weil der Irak sie nicht einführen darf: Sie gilt als ›zu gefährlich‹. Ebenso wie Bleistiftminen ...

271 Draußen ist es sehr heiß. Während alle eine Siesta machen, bleiben Mazen und ich im Wohnzimmer. Dort liegen die Winston-Zigaretten meines Vaters herum.

272 Wir nehmen uns jeder eine. Schon der erste Zug verdirbt mir für immer die Lust darauf. Mazen dagegen hört nicht auf. Er wird ein Raucher.

273 In diesem Sommer 1995 belagern Mazen und ich dauerhaft den Basketballplatz. Erst vor Kurzem haben die Chicago Bulls gegen Orlando Magic verloren.

274 Ich will sie rächen. Zwei neue Spieler tauchen auf, wir spielen zwei gegen zwei. Ich spiele gegen Orlando Magic. Und verliere, wie die Bulls. Um sechs Punkte.

275 Nach zwei Stunden in der prallen Sonne pocht das Blut in meinem Schädel. Mir ist heiß. Mazen und ich gehen in das Haus im Mansour-Viertel zurück.

276 Wir ruhen uns in einem der Zimmer aus. Der Deckenventilator dreht sich, dank eines Notstrom-aggregats, das die Stromausfälle überbrückt.

277 Mazen fordert mich zu einer kindischen Wette heraus. Wer mit der Hand die Decke berührt, gewinnt. Er springt. Fehlanzeige. Ich springe. Und bumm.

278 Einer der Ventilatorflügel streift meinen Schädel. Ich gewinne die Wette, aber als ich auf dem Boden lande, habe ich ein Büschel Haare in der Hand.

279 Und eine Platzwunde am Kopf. Das Blut fließt in Strömen. So viel Blut habe ich noch nie gesehen. Mazen läuft los, um Hilfe zu holen, diskret.

280 Diskret heißt im Irak, dass er mit acht Leuten zurückkommt. Alle brüllen herum. Taghrid, die Apo-thekerin, drückt mir eine Kompresse auf die Wunde.

281 Saad startet den BMW. Mit 160 Sachen braust er über die Stadtautobahn nach Yarmouk. Dort erlebe ich erstmals ein Krankenhaus unter Embargo-Bedingungen.

282 Am Eingang des Krankenhauses herrscht Chaos. Drinnen überall Schmutz, Geschrei, Geheul, schwarz gekleidete Frauen. Und der Gestank.

283 Im Flur drängen sich die Menschen. Überall sitzen schwarz gekleidete Frauen auf dem Boden und beklagen die Toten. Friedhofsatmosphäre.

284 Ständig muss man über Lachen aus Blut und Erbrochenem springen. Wir betreten ein Zimmer, in dem ein Arzt gerade eine Frau versorgt.

285 Endlich bin ich dran. Der Arzt untersucht mich. Ich muss genäht werden. Fünf Stiche ungefähr. Aber ohne Betäubung. »Zu teuer«, erklärt er.

286 Mein Cousin Saad mischt sich ins Gespräch ein. Besteht darauf, dass ich eine Betäubung bekomme. Verhandlungen. Am Ende kriege ich die Spritze.

287 Der Arzt setzt sie mir an zwei Stellen und fängt an zu nähen. Mazen beobachtet ihn verstohlen. Ich will nur noch eins: so schnell wie möglich hier raus.

288 Der Arzt ist fertig. Saad drückt ihm ein Bündel Scheine in die Hand. Mir wird klar, dass die für die Betäubung sind. 100 000 Dinar, um genau zu sein.

289 Ich bin entsetzt. Offenbar bereichert sich der Arzt mit den wenigen Betäubungsmitteln, die ihm noch bleiben. 100 000 Dinar…

290 Ein Vermögen für eine einzige Spritze. Ich denke an die, die nach mir kommen und nicht so viel Geld haben. Die werden dann ohne Betäubung genäht.

291 Man verpasst mir einen lächerlichen Verband, der ums ganze Gesicht geht, und wir fahren nach Hause. Ich verfluche diesen Vorfall, will nur noch schlafen.

292 Zweierlei hat mir mein kleiner Unfall gezeigt: den Zustand irakischer Krankenhäuser unter dem Embargo und die Ungleichheit in der medizinischen Versorgung.

293 Ich habe einen Kloß im Hals. Ich kann die Schreie im Krankenhaus von Yarmouk nicht vergessen. Wo ist mein Land von 1989? War das nur eine Fata Morgana?

294 Ich suche nach einer Antwort, aber die trägt der Schlaf unter dem Deckenventilator mit sich fort. Nachts wache ich auf. Schweißgebadet. Stromausfall.

295 Der Irak von 1995, dem schwarzen Jahr des Embargos, lastet auf meinen jugendlichen Schultern. Ich will nicht mehr Basketball spielen.

296 Zwei Wochen lang muss ich mit diesem albernen Verband rumlaufen. Ich spiele von morgens bis abends Karten, mit meinen Cousinen Taghrid und Raghad.

297 Und beobachte die Gäste, die Abend für Abend zum Essen kommen. Ihre Besonderheiten. Ihre Sprechweise. Ihre Kleidung. Ich werde zum Anthropologen.

298 Es gibt die ›Araber‹, das sind die, die vom Land kommen. Und die schmerbäuchigen ›Mafiosi‹, die Karten spielen und Whisky trinken.

299 Es gibt die Klatschweiber und solche, die Gerüchte trinken wie Tee. Die hat dies gesagt, die hat jenes gesagt, Getuschel, Gekicher.

300 Ich lerne zuzuhören, ohne aufzufallen. Naivität als Tarnung. Die Ohren als Werkzeug. Irgendwie muss ich mich ja beschäftigt halten.

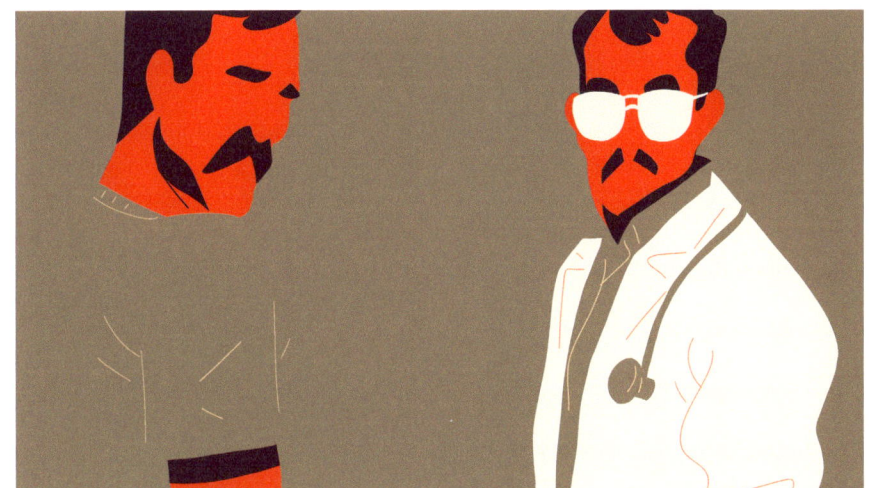

1995 In meinem desillusionierten
Zustand drängt sich die Frage
förmlich auf: Warum wurde ich
in Frankreich geboren
und nicht im Irak?

301 Ich merke, dass ich am liebsten abreisen würde.
Mir gefällt dieser Sommer nicht, in dem mir zu viele
Dinge um die Ohren geflogen sind. Wie das Embargo.

302 Eines Abends ist es kein Gerücht, das die Gemüter
erregt, sondern eine Flucht: Hussein Kamil,
ein Schwiegersohn des *Rais*, hat sich nach Jordanien
abgesetzt.

303 Der Rüstungsminister flüchtet mit seiner Familie
und einem Stapel Unterlagen. Er will mit dem Westen
reden, Verrat begehen. Saddam riegelt die Grenzen ab.

304 Immer wieder zeigt das Fernsehen die Bilder, wie
Hussein Kamil mit Frau und Kindern sowie seinem
Bruder Saddam in einem Hubschrauber fliehen.

IAEO
Internationale
Atomenergie-
Organisation.

305 Hussein Kamil hat geheime Dokumente über
das Rüstungsprogramm des Irak dabei. Er liefert alles
der #IAEO und der #UNSCOM aus.

UNSCOM
Sonderkommission
der Vereinten
Nationen.

306 Ein beispielloser Affront gegen das Regime von
Saddam. Jordanien gewährt den Flüchtigen Asyl,
die #CIA beginnt ihre Geheimverhandlungen.

CIA
Auslands-
geheimdienst der
Vereinigten Staaten.

307 Angesichts geschlossener Grenzen sitzen wir
bis auf Weiteres in Bagdad fest. Meine Schwester jubelt
vor Freude. Mir zieht sich das Herz zusammen.

308 Werden wir jetzt für immer im Irak bleiben
müssen, vollkommen isoliert, und nie mehr nach
Frankreich zurückkehren? Ein beklemmender Gedanke.

309 Nachdem die CIA Hussein Kamils Unterlagen
ausgewertet hat, lassen ihn die Amerikaner und die
Vereinten Nationen sofort fallen. Voller Verachtung.

310 Die Grenze wird wieder geöffnet. Aber Kamils
Flucht hat die Paranoia des Regimes verstärkt. Die
Mukhabarat sind nervös. Alle Welt flüstert nur noch.

311 Der Sommer endet in einem dystopischen Klima. Jeder beobachtet jeden. Das Regime kapselt sich immer mehr ab. Zum Nachteil des irakischen Volkes.

312 1996 kehrt Hussein Kamil in den Irak zurück. Saddam soll ihm die Flucht verziehen haben. Doch sein eigener Clan richtet ihn hin. Um seine Ehre zu retten.

313 Im selben Jahr erklärt Madeleine Albright, amerikanische UN-Botschafterin, ohne jede Scham, der Tod von 500 000 irakischen Kindern hätte sich gelohnt.

314 Die leuchtenden Träume des Jahres 1989. Und der unerträgliche Schmerz 1995. Ich lasse den Irak und sein Elend hinter mir. Wir kehren nach Paris zurück.

315 In meinem desillusionierten Zustand drängt sich die Frage förmlich auf: Warum wurde ich in Frankreich geboren und nicht im Irak? Was wäre dort aus mir geworden?

316 Das Exil meines Vaters hat meiner Schwester und mir erspart, zwei Kriege und die Ungerechtigkeit des Embargos zu erleben.

317 Es heißt, man soll seine Herkunft niemals vergessen. Das tue ich nicht. Aber ich leide unter ihr. Das nennt man wohl das ›Impostor-Syndrom‹.

318 Eigentlich hätte ich in Falludscha geboren werden müssen, nicht in Paris. Hätte mit Bomben und im Mangel aufwachsen müssen. Aber ich lebe im Frieden.

319 Das Gefühl, nie am richtigen Ort zu sein. Unrechtmäßigkeit. Schuld. Ich möchte meine Erlebnisse im Irak vergessen, aber sie lassen mir keine Ruhe.

320 Wir gehören zu den wenigen Exil-Irakern, die ihr Land noch vor 2003 gesehen haben. Meine Schwester und ich haben Arabisch im Irak gelernt. Ein Geschenk.

321 Ich erzähle meinen Freunden von meiner Zeit im Irak. Das Unerzählbare behalte ich für mich. Die Trauer über den Untergang des Zweistromlandes.

322 Abends schreibe ich Briefe an meine Familie in Bagdad und Falludscha. Aber kann ich sie auch abschicken? Das Embargo sagt immer noch Nein.

323 Ich höre meine Eltern darüber sprechen, dass wir nächstes Jahr nicht hinfahren. Und übernächstes auch nicht. Werde ich je wieder den Duft des Irak einatmen?

324 Sieben Jahre vergehen. 2002 ist der Irak immer noch nicht in die Knie gezwungen. Trotz des Embargos. Die Situation hat sich sogar spürbar verbessert.

325 Zu verdanken ist das vor allem dem zynischsten Korruptionsskandal aller Zeiten. Dem #Öl-für-Lebensmittel-Programm.

326 Seit 1996 kassiert Saddams Regime Schmiergelder von über 2000 Unternehmen, indem es ihnen verbilligtes Öl verkauft, zulasten des irakischen Volkes.

327 Die Firmen sparen 50 Cent pro Barrel und zahlen 25 davon an Bagdad zurück. Zwei Milliarden Dollar verschwinden auf diese Weise. Mit Wissen der UNO.

328 Und sie ist sogar Mittäterin. Der Sohn von Kofi Annan zum Beispiel ist auch involviert. Damals habe ich endgültig das Vertrauen in die UNO verloren.

329 Daneben betreibt der Irak einen Schwarzhandel mit Öl, indem er die Supertanker einfach überlädt. Ein Überschuss, von dem das irakische Volk nichts sieht.

330 Infolge dieses Skandals, so hofft der Irak, werden seine ›Freunde‹ Frankreich und Russland die UNO dazu drängen, das Embargo zu lockern. Aber von wegen!

Öl-für-Lebensmittel-Programm
Oil-for-Food Programme
Ein 1995 initiiertes Hilfsprogramm der UNO, um die Not der irakischen Bevölkerung zu lindern – eine Folge der von der UNO verhängten Wirtschaftssanktionen, nachdem 1990 irakische Truppen in Kuwait einmarschiert waren (auch ›Zweiter Golfkrieg‹ genannt, während der Iran-Irak-Krieg als der erste gilt).

Charles Pasqua
(18. April 1927 –
29. Juni 2015).
Französischer
Politiker, Innen-
minister von 1986
bis 1988 und von
1993 bis 1995.

331 Dabei fällt der Name #Pasqua, neben dem einiger anderer französischer Persönlichkeiten. Ich denke an meine Familie und Freunde im Irak.
Ein schlimmes Gefühl.

332 Dieser widerwärtige Skandal sorgt zwar eine Zeit lang für Schlagzeilen, aber am Ende wird niemand belangt. Auch Kofi Annan behält seinen Posten.

333 Von allen Tragödien des Irak ist es dieser Skandal, der den Wunsch in mir weckt, über den Irak zu schreiben. Als Beruf. Ich suche mir eine Journalistenschule.

334 2002 erfahre ich von Mazen, dem Cousin, der mich 1995 nach meinem Unfall ins Krankenhaus von Yarmouk begleitet hat, Neuigkeiten aus der Familie.

335 Er selbst studiert jetzt Medizin. Er sagt, als er damals zugesehen hat, wie der Arzt meine Kopfhaut näht, hätte er seine Berufung gefunden.

336 Bibi Samia ist so geschwätzig und munter wie eh und je. Mein Onkel Emad ist immer noch Schreiber am Gericht im Stadtzentrum von Falludscha.

337 Die anderen arbeiten. Jamal will Lehrer werden, wie Ryad, der Geschichte unterrichtet. Saad ist Rentner, Mohamed Maschinenbauingenieur.

338 Meine Großcousins und -cousinen sind zum Teil schon erwachsen. Ich erstelle eine Namensliste und komme, Bagdad und Falludscha addiert, auf fast hundert.

339 Meine Cousine Louma aus dem Yarmouk-Viertel hat einen irakischstämmigen Amerikaner geheiratet. Sie lebt jetzt in Dallas, Texas, der Heimat von Bush.

340 Die Neuigkeiten aus dem Irak sind also, trotz des Embargos, gar nicht schlecht. 2002 gibt es wieder so etwas wie Leben. Das schwarze Jahr 1995 ist lange her.

341 Trotzdem sind die Iraker erschöpft. Die letzten Kriege und zwölf Jahre der Blockade haben das Land in eine undurchdringliche Blase gesperrt.

342 Kaum jemand hat Zugang zum Internet oder auch nur ein Handy. Satellitenschüsseln sind offiziell verboten, auch wenn das Regime die Augen verschließt.

343 Das Land ist komplett isoliert. Die Iraker ersticken. Sie möchten reisen. Sich für andere öffnen. Das Regime macht Zugeständnisse. Aber nicht genügend.

Tarek Aziz
طارق عزيز
(28. April 1936 –
5. Juni 2015).
Irakischer Politiker,
Außenminister unter
Saddam Hussein.

344 14. September 2002. #Tarek Aziz verkündet im Fernsehen, dass der Irak die von Bush gestellten Abrüstungsbedingungen ablehnt.

345 Seit dem 11. September 2001 beschuldigen die *Neocons* den Irak. Obwohl es keinerlei Verbindung zwischen Saddam Hussein und Al-Qaida gab.

346 Für meinen Vater, wie für alle Exil-Iraker, ist die Sache klar. Der Krieg wird kommen. Die Frage ist nicht ob, sondern wann er kommt.

347 Die Bedrohung wird immer deutlicher, je weiter die Zeit fortschreitet. Die Wortwahl immer härter. Der Krieg ist jetzt schon zum Greifen nahe.

348 Meine Eltern machen sich Sorgen. Die Frage, was nach Saddam kommen soll, drängt sich unvermeidlich auf. Aber noch kann sich das niemand vorstellen.

349 Mein Vater, obwohl selbst ein Opfer von Saddam, ist nicht für diesen Krieg. Er durchschaut die strategischen Ziele und die Lüge dahinter.

350 Und vielleicht mache ich es mir als Iraker, der nie unter der Diktatur gelebt, sie höchstens mal gestreift hat, zu leicht, aber auch ich lehne die Intervention ab.

351 Trotzdem höre ich bei den Telefonaten mit meiner Familie im Irak einen Hauch von Hoffnung in ihren Worten. Vielleicht können uns die Amerikaner ja wirklich befreien?

352 Viele Iraker sehen sich bereits als Profiteure der Globalisierung. Die Kriege und zwölf Jahre Embargo haben da sicher einen großen Einfluss.

353 Vielleicht war das ein Hauptziel der Blockade: Die Moral der Iraker so weit zu brechen, dass sie bereit sind, ›befreit‹ zu werden. Psychologische Kriegsführung.

354 Ich bin noch auf der Journalistenschule, als in jener verfluchten Nacht des 20. März 2003 die ersten Bomben auf Bagdad niedergehen.

355 Ich ertrage die Bilder im Fernsehen nicht, zu sehr erinnern sie an jenen Winterabend 1991. Als mein Vater im Wohnzimmer stand und um seine Brüder weinte.

356 Ich will kein »Feuerwerk« mehr am irakischen Himmel sehen. Ich steige in die Metro. Linie 7. Fahre ziellos durch Paris, um den Krieg zu vergessen.

357 Ich denke an meine Familie. An die Freunde und Bekannten in Bagdad und Falludscha. Was wird bleiben von meinem Land? Von meinen Kindheitserinnerungen?

358 Station ›Sully-Morland‹. Ich bin tief in Gedanken versunken. Eine Frau steigt ein, ein Mikrofon in der Hand. Sie zieht eine Musikanlage hinter sich her.

359 Es ist 23 Uhr. Die Frau setzt sich mir gegenüber. Bevor sie anfängt zu singen, sagt sie noch ein paar Worte.

360 Ihr Blick begegnet meinem. »Dieses Lied widme ich den Frauen und Kindern im Irak, die heute Abend bombardiert werden.« Ich bin sprachlos.

361 Ich irre ziellos herum, um dem Irak zu entfliehen, und jetzt kommt er zu mir. Ein Wunder. Das Lied spricht von Freiheit und Sternen. 23 Uhr. Bagdad brennt.

362 Das Lied geht zu Ende. Die Frau sieht, wie bewegt ich bin. Ich danke ihr und sage, dass ich aus dem Irak stamme. Sie lächelt.

363 Ich gebe ihr alles, was ich im Portemonnaie habe. Tränen fließen ihr übers Gesicht. An der Haltestelle ›Opéra‹ steigt sie aus. Ich fahre nach Hause.

364 Die Tage schreiten voran. Die Invasion auch. Inzwischen rollen wohl amerikanische Panzer durch den Süden des Landes. Umm Qasr ist das Eingangstor.

365 Hier findet der erste Akt des erbitterten Widerstands der irakischen Armee statt. Vier Tage währt der Kampf. Vier Tage, die sich wie vier Jahre anfühlen.

366 Am Abend des 25. März 2003 bin ich bei meinen Eltern in Nanterre. Der Fernsehsender Al Jazeera kündigt verstörende Bilder aus Basra an.

367 Die Kamera zoomt auf ein Krankenhaus, das von amerikanischen Raketen zerstört wurde. Verkohlte Kinderleichen zwischen Ruinen. Ungefiltert.

368 Bei einer ist der Kopf halb abgerissen. Der kleine Körper liegt da unter den Trümmern wie eine weggeworfene Puppe.

369 Meine Mutter weint. Mein Vater ist ganz still. Ich stehe auf und gehe ins Badezimmer, rasend vor Wut. Schlage die Tür mit einem Fausthieb ein.

370 Ich lasse mich von der Wut übermannen, von der Ohnmacht und der Ungerechtigkeit. Nichts ertrage ich schlechter als Ungerechtigkeit.

371 Ich sehe mich im Spiegel weinen. Die Schuld hinter der Wut. Das Kind hätte ein Cousin, eine Schwester sein können. Ich selbst. Ich halte das nicht aus.

372 Wenn ich nicht länger sinnlos leiden will, muss ich hinfahren. Früher als geplant in meinen Beruf einsteigen. Ich will nach Bagdad gehen.

373 In meiner Schule rät man mir, ein Volontariat zu machen. Ich bitte um ein Gespräch mit dem Schulleiter. Ich mache mein Volontariat in Bagdad oder nirgends.

374 Das Flugzeug der Iraqi Airlines steigt auf. 1989 durfte ich mal ins Cockpit schauen. Der Pilot war der Mann meiner Cousine.

375 Diesmal fliege ich allein. Am Vortag habe ich alle infrage kommenden Redaktionen in Paris abgeklappert. Wurde erstaunt gemustert. Belächelt.

376 Durch das Bullauge wirkt Bagdad unverändert. Genau wie in meiner Erinnerung. In welchem Zustand werde ich die Stadt (und mich) wiederfinden?

377 Bei der Landung kreiselt das Flugzeug wie ein welkes Blatt nach unten, um eventuellen Raketen auszuweichen. Der Pilot hat einen südafrikanischen Akzent.

378 Die Plastik-Stalaktiten an der Decke erkenne ich wieder. 1989 haben mich hier Hunderte von winkenden Händen willkommen geheißen. Hallo, Einsamkeit.

379 Zum ersten Mal sehe ich überall amerikanische Soldaten. Auf dem Flugfeld stehen ihre Kampfhubschrauber. *Apocalypse Now* in Bagdad.

380 Das seltsame Gefühl, hier nicht mehr zu Hause zu sein. Die Allgegenwart der amerikanischen Armee macht den Besatzungszustand unübersehbar.

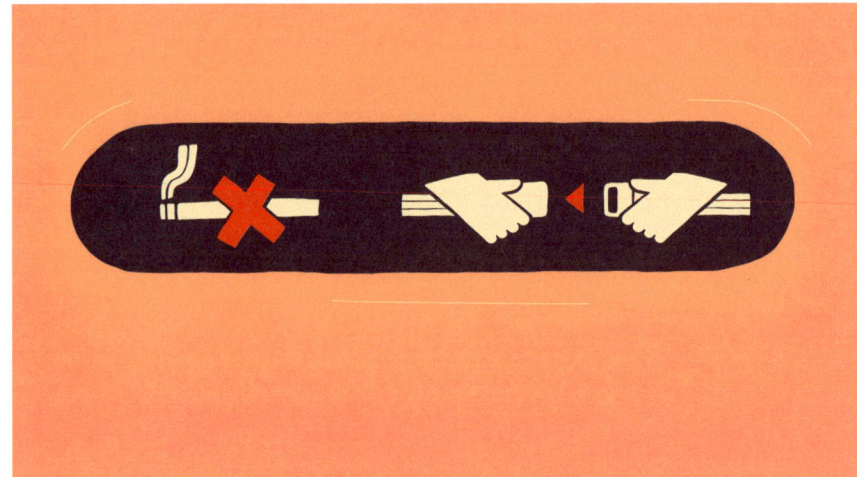

Abbas ibn Firnas
عباس بن فرناس
(810 – 887). Erfinder,
Mediziner und
Dichter berberi-
scher Abstammung.
Er wurde in Izn-Rand
Onda (dem heutigen
Ronda) in Andalusien
geboren, lebte im
Emirat von Cordoba
und soll Flugversuche
unternommen haben.

381 Am Flughafen nehme ich das vorbestellte Taxi.
Der Fahrer setzt mich am Denkmal von #Abbas ibn
Firnas ab, dem Gelehrten und ersten Piloten
der Geschichte.

382 Von dort nehme ich ein normales Taxi nach
Mansour. Wir kreuzen die Straße zum Flughafen, von
den Amerikanern auch die #Straße des Todes genannt.

383 Schon die Fahrt nach Mansour ist eine Reportage
wert. Überall Kriegsschäden. Das berühmte Restaurant
Al Sa'a zerstört. Wir halten vor dem Haus meiner Tante.

Straße des Todes
Route Irish
Zwölf Kilometer lange
Verkehrsader, die
den internationalen
Flughafen von Bagdad
mit der ›Grünen Zone‹
verbindet, dem ultra-
gesicherten Sektor
der Hauptstadt.
Wegen der häufi-
gen Anschläge von
den amerikanischen
Soldaten auch »Route
Irish« genannt.

384 Bei ihr werde ich einige Zeit wohnen. Tante
Soumaya öffnet mir die Tür. Mein angeheirateter
Onkel Aziz und meine Cousins Ziad und Mahmoud
kommen hinzu.

385 Der Garten ist noch derselbe. Ebenso der Gärtner,
Hussein. Er wohnt im Viertel *Sadr City*. Wir reden viel
über den Irak. Ich schätze Hussein sehr.

386 Vor allem aber ist er ein Freund. Er wird meine
verlässlichste Quelle und mein Führer in *Sadr City*.
Mein ›Fixer‹, wie man im Journalistenjargon sagt.

387 Beim Abendessen fragen mich meine Cousins,
warum ich in den Irak gekommen bin, während sie
selbst nicht wissen, ob sie bleiben oder gehen sollen.

388 Das Gespräch wird regelmäßig vom Knattern
amerikanischer Hubschrauber unterbrochen, die –
immer zu zweit – dicht über das Haus hinwegfliegen.

389 Die Besatzung eines Landes kann sich auf verschiedene Weise bemerkbar machen. Für mich wird
dieses Rotorengeräusch zu ihrem Symbol.

390 Ungefähr alle dreißig Minuten dröhnen die
Chinook über unsere Köpfe hinweg. Verhöhnen uns.
Rufen uns die Besatzung in Erinnerung.

391 Mein Onkel besitzt ein kleines Grundstück gleich neben dem Haus. Die Hütte darauf ist ein Treffpunkt für die zwielichtigen Freunde von Mahmoud. Sie trinken.

392 Und spielen Karten. Essen *pacha*, Innereien vom Schaf. Ein Gericht, das nur Männern vorbehalten ist, den echten. Wir spielen Rommé. Bis zum Morgen.

393 Einer dieser Freunde mit zweifelhaftem Ruf ist ein Koloss von 1 Meter 95 und 130 Kilo. Er soll eine Frau ausgeraubt und getötet haben.

Paul Bremer (30. September 1941–). Amerikanischer Diplomat, im Mai 2003 zum Statthalter des Irak ernannt, Spitzname ›der Gouverneur von Bagdad‹.

394 #Paul Bremer wird von der Bush-Regierung zum Zivilverwalter des Irak ernannt. Bremer trägt den Anzug eines Politikers und die Stiefel eines Soldaten.

395 Er heißt schon überall ›Saddam Bremer‹. Hebt und senkt seinen Daumen, wie es ihm beliebt. Seine erste Entscheidung: die Baath-Partei zu verbieten.

396 Seine zweite Anordnung stürzt den Irak ins Chaos: Bremer löst sämtliche irakischen Streitkräfte auf, eine Million Menschen landen auf der Straße.

Grüne Zone
المنطقة الخضراء
Green Zone
Hochsicherheits-Enklave im Zentrum Bagdads, die im April 2003 infolge der andauernden Kämpfe und Attentate eingerichtet wurde. Fast alle irakischen Diplomaten und Ausländer lebten in der ›Grünen Zone‹, auch ›Internationale Zone‹ genannt.

397 Ein Kahlschlag, vollkommen willkürlich. Vor der #Grünen Zone, die von den Amerikanern kontrolliert wird, fordern Demonstranten Arbeit. Friedlich.

398 Noch im Mai 2003 sind amerikanische Soldaten durch die Straßen geschlendert, haben sich in Restaurants angestellt, mit den Leuten gesprochen.

399 Dieser höfliche Umgang ist jetzt vorbei. Vor einigen Tagen haben die Amerikaner in Falludscha auf eine Gruppe unbewaffneter Demonstranten geschossen.

400 Das ist der Anfang des Aufstands. Die friedlichen Demonstranten werden zu den Waffen greifen. Der Irak wechselt endgültig von der Befreiung zur Besetzung.

2003 So entstehen ganz nebenher
meine ersten Reportagen,
aus dem Alltag meiner Familie
heraus.

401 Ich habe schon vom Kriegslärm gesprochen.
Von den Hubschraubern. Im Sommer 2003 kommen
noch Bombenexplosionen, Schüsse und Sirenen hinzu.

402 Das ist der Lärm von Bagdad. Manchmal gibt es
kurze Schusswechsel in meiner Straße in Mansour.
Mal von einer, mal von der anderen Seite. Rhythmisch.

403 Eines Abends besetzen bewaffnete Männer genau
diese Straße, um den Hauptkontrollpunkt des Viertels
15 Minuten lang unter Beschuss zu nehmen.

404 15 Minuten Hölle. Wir haben das Licht im
Wohnzimmer gelöscht. Jeder Schuss erschüttert uns
bis ins Mark. Meine Cousine schluchzt.

405 Es hört sich an, als würde direkt bei uns im Haus
gekämpft. Bei jedem Aufblitzen sehe ich die Angst
in den Gesichtern um mich herum.

406 Wir selbst fechten derweil einen ganz anderen
Kampf aus: Haltung zu bewahren, nicht in Panik zu
geraten. Hoffentlich dringt kein Bewaffneter bei uns ein.

407 Dann wird es still. Wir schalten das Licht wieder
ein. Den Fernseher. Und immer noch schweigen wir.
Fünf Menschen im Raum, die nicht miteinander reden.

408 Vielleicht sollte man auch nicht reden. Um sich an
solche Vorkommnisse zu gewöhnen. Nur durch Glück
ist das Haus von den Schüssen verschont geblieben.

409 Damals vergeht kein Tag ohne eine Explosion.
Aber eines Abends ist die Erschütterung so stark,
dass ich mich an der Wand festhalten muss,
um nicht umzufallen.

410 Ein Anschlag, keine zwei Schritte von hier.
Die jordanische Botschaft war das Ziel einer Lastwagen-
bombe. Am nächsten Tag werde ich ein Foto machen.

411 Ich besuche meine Tante Khamael im Amiriya-Viertel im Westen Bagdads. Dort bleibe ich eine Woche und sehe auch meinen Cousin Mazen wieder.

412 Amiriya ist immer noch der Stadtteil mit den meisten Zugezogenen aus Falludscha und Ramadi. Das Viertel hat sich nicht verändert.

413 Nur die Straßen sind sehr viel schmutziger. Der Müll türmt sich an den Straßenecken, aber das scheint niemanden zu kümmern. Mazen hat Hunger.

414 Die Einkaufsstraße besteht fast nur aus Falafel-Buden. Hier gibt es auch überall diese Zuckerrübensuppe, an der man sich im Winter aufwärmen kann.

415 Tagsüber verläuft das Leben in halbwegs normalen Bahnen, relativ entspannt. Nur die Hubschrauber erinnern uns ständig daran, was hier wirklich los ist.

416 Nachts sieht das schon anders aus. Die meisten Operationen der Aufständischen finden in Amiriya statt. Der Kriegslärm ist allgegenwärtig.

417 Als ich an diesem Abend mit Mazen vom Markt nach Hause gehe, rollt ein tiefer gelegter BMW an uns vorbei. Vier Typen sitzen drin.

418 Am Ende des Blocks befindet sich ein Polizeirevier. Der Wagen hält an der Straßenecke an. Schüsse ertönen. Dann das Quietschen von Reifen.

419 Die vier Typen haben auf der Wache mit Kalaschnikows um sich geschossen und sind dann davongerast. Den restlichen Heimweg legen wir im Laufschritt zurück.

420 Solche Anschläge sind an der Tagesordnung. Ein Junge, mit dem ich 1989 noch Fußball gespielt habe, soll einer dieser Typen gewesen sein.

421   Mazen ist vollauf mit seinem Medizinstudium beschäftigt. Er erzählt mir, dass die Leichenkammer allmählich zu klein wird, weil es immer mehr Tote gibt.

422   Medizinstudenten werden vom ersten Jahr an in den Krankenhäusern eingesetzt. In Operationssälen, Leichenkammern, im Krieg. Bis zur Erschöpfung.

423   Mazen ist manchmal 24 Stunden am Stück im Krankenhaus von Yarmouk. Dort, wo ich 1995 genäht worden bin, mit einer Betäubung für 100 000 Dinar.

424   Heute näht er solche Wunden. Er berichtet von unerträglichen Szenen. »Aber man gewöhnt sich dran. Inzwischen essen wir Pommes in der Leichenkammer.«

425   Ich fühle mich noch nicht in der Lage, ihn ins Krankenhaus zu begleiten. Das Blut zu sehen und die Schreie zu hören. Aber irgendwann einmal, bestimmt.

426   Ich begleite Firas, Mazens Bruder, nach Jamila, ein Gewerbegebiet im Osten Bagdads. Hier liegt der Eingang zu *Sadr City*.

427   Firas arbeitet im Import-Export. Alle Iraker ohne Schulabschluss träumen vom weltweiten Handel, bei dem sie als Zwischenhändler die Provision einstreichen.

428   Aber dafür braucht man *wasta*, Beziehungen. Laut Firas besteht der Heilige Gral darin, mit der Regierung Geschäfte zu machen. Die zahlt am besten.

429   Zucker. Mehl. Hühnerfleisch. Reifen. Ganz egal. Wer *wasta* im inneren Kreis der Regierung hat, der hat den Heiligen Gral gefunden.

430   So entstehen ganz nebenher meine ersten Reportagen. Aus dem Alltag meiner Familie heraus. Mit den Irakern in Kontakt kommen. Sie verstehen.

431 Dann kommt die Nachricht, Saddam Hussein sei verhaftet worden, unweit von Tikrit, in der Nähe seines Geburtsdorfes Al-Audscha. In einem »Erdloch«.

432 Paul Bremer bestätigt diese Information bei einer Pressekonferenz. *»We got him.«* Beifall. Schreie. Pfiffe. Beschimpfungen. Dezember 2003.

433 In letzter Zeit gab es viele Gerüchte über ihn. Einige wollten ihn bei einem Spaziergang in Tikrit gesehen haben. Andere in Adhamiya. In der Moschee.

434 Saddams Allmacht ist so tief im Denken der Iraker verankert, dass sie Mühe haben, ihn sich in einem Versteck unter der Erde vorzustellen.

435 Für viele geht mit diesem Bild ein Mythos zu Ende. Ob man nun Opfer, Feind oder Nutznießer von Saddam Hussein war, sein Ende ist ein seltsames Ereignis.

436 Mein Vater war ein Opfer des *Rais*, wir haben nicht von ihm profitiert, standen ihm in keiner Hinsicht nahe. Und doch kann ich nicht anders, als traurig zu sein.

437 Was wird jetzt aus dem Irak, nach 35 Jahren Diktatur? Warum habe ich das ungute Gefühl, dass dieses Ende den Anfang eines Albtraums markiert?

438 Saddam ist untrennbar mit dem Irak meiner Kindheit verbunden. Alles drehte sich nur um ihn, seine Launen bestimmten das Leben bis in den Alltag hinein.

Stockholm-Syndrom
Psychologisches Phänomen bei Geiseln, die längere Zeit mit ihren Peinigern verbringen und infolge vielschichtiger Identifikations- und Überlebensmechanismen eine Art Empathie mit diesen entwickeln.

439 Ein grausamer Tyrann, sicher. Aber auch ein Teil unseres Lebens. Wir wurden als Geiseln genommen, selbst im Ausland. Das #Stockholm-Syndrom vielleicht?

440 1989 durfte man seinen Namen nicht laut aussprechen. 15 Jahre später fällt er ständig, in Gesprächen, Diskussionen, Texten. Ein neues Kapitel beginnt.

441 Wieder im Haus meiner Tante in Mansour, meinem Hauptstützpunkt. Ein Haus voller Erinnerungen. Aber jetzt ist es leer.

442 Meine Tante und mein Onkel sind nach Jordanien gegangen. Nur zwei Cousins sind geblieben, Mahmoud und Ziad. Und Hussein, der Gärtner aus Sadr City.

443 Silvesterabend. Das Jahr 2003 war ein Wendepunkt. Während der Himmel in anderen Großstädten hell leuchtet, bleibt unserer schwarz.

444 Die Fernsehsender auf der Welt zählen rückwärts. Unserer berichtet von einer Autobombe gegen einen US-Konvoi. Ein Toter: ein irakisches Kind von 8 Jahren.

445 Die amerikanischen Soldaten schlendern nicht mehr durch die Straßen, stellen sich nicht mehr in den Restaurants an. Sie verschanzen sich in ihren Lagern.

446 Sie kommen nur noch in Konvois heraus und haben vor nichts mehr Respekt. Rammen Autos am Straßenrand, rufen ständig »*fuck*« und »*haji*«.

447 2004 gibt es keinerlei Kontakt mehr zwischen Amerikanern und den einfachen Irakern. Jeder von ihnen ist potenziell ein Aufständischer.

448 Ein Freund von Mazen fällt dieser Sichtweise zum Opfer. Er überquert gerade die Straße, das Handy am Ohr, als ein US-Konvoi vorbeifährt. Ein Schuss. Mitten in den Kopf.

449 Mit einem Handy kann man eine selbst gebaute Bombe zünden. Es gab keinen Warnschuss. Der Soldat hat abgedrückt und der *haji* ist tot.

450 Das ist der endgültige Bruch. Von nun an hängen Schilder an den Konvois: »Mindestens 100 Meter Abstand halten«. Und vor allem nicht telefonieren.

451 Im Februar 2004 kehre ich nach Paris zurück, um mein Studium fortzusetzen. Wieder runterzukommen. Und Redaktionen zu besuchen.

452 Die langen Monate allein in Bagdad zwingen einen dazu, vieles in sich hineinzufressen. Schon verrückt, wie schnell sich der Mensch an den Krieg gewöhnt.

453 Zu Hause lassen es dann alle auf ihre Weise wieder raus. Mit Krampfanfällen, Tränen, manchmal auch Depressionen. Bei mir weiß ich das noch nicht.

454 Ich setze mich in ein Café am Centre Pompidou. Zu viele Menschen. Das bin ich nicht mehr gewöhnt. Mir wird schwindelig. Ein Kaffee. Ich zahle. Und gehe.

455 In Bagdad sind meine ersten Texte für den belgischen *Le Soir* und für *Le Point* entstanden. Der erste von mir signierte Artikel ist mein ganzer Stolz.

456 Während meines ersten »Volontariats« war mein erster Artikel von Hand zu Hand gegangen. Man gratulierte mir und hängte den Text im *Le Soir* eingerahmt an die Wand. Meine Trophäe.

457 Bald schreibe ich auch für die *Ouest-France*, eine große französische Tageszeitung. Später werde ich ihr Korrespondent in Bagdad. Ein schönes Forum.

458 Ich entdecke die Diskrepanz zwischen den Bildern in den Nachrichten und der Realität vor Ort. Sicher, im Irak herrscht Krieg. Aber gelebt wird dort auch.

459 Der Irak, das sind nicht nur Zahlen. Nicht nur Tote. Ja, vom Tod muss man sprechen, wann immer nötig. Aber auch vom Leben. Vor allem vom Leben.

+964
Telefonvorwahl
des Irak.

460 Mein Handy zeigt die Vorwahl #+964 an. Mein Onkel Ryad aus Falludscha. Er will mit mir über die Familie sprechen. Es ist einiges passiert.

461 Paris → Amman; Amman → Bagdad. Die Straße des Todes. Das Amiriya-Viertel. Im irakischen Frühling blühen die Bomben. In Falludscha herrscht Winter.

462 Als Erstes fällt der neue Name auf: »*Madinat al-Masadschid*«, die Stadt der Moscheen. Überall sieht man welche. Mindestens dreihundert.

463 Ich treffe mich mit Onkel Ryad. Er ist schlagartig alt geworden. Tiefe Ringe unter den traurig blickenden grünen Augen: Ahmed ist verhaftet worden.

464 Mein Cousin Ahmed, der Mike Tyson ähnlich sieht und während des Embargos auf dem Markt von Falludscha Gemüsekisten geschleppt hat.

465 In letzter Zeit hat er jedoch eher Kisten voller Waffen geschleppt. Seit April 2004 ist Ahmed bei den *Mudschahidin*. In der Logistik.

466 Beim Passieren eines Kontrollpostens wurde er von US-Soldaten angehalten, den Kofferraum randvoll mit Waffen. Da war nichts mehr zu machen.

Abu Ghraib
سجن أبو غريب
Zentralgefängnis von Bagdad, das wegen der Folterung irakischer Gefangener durch US-Soldaten und CIA-Agenten traurige Berühmtheit erlangte.

467 Ahmed wurde erst nach #Abu Ghraib gebracht und dann ins Gefangenenlager #Camp Bucca im Süden des Irak verlegt. Besuche sind nicht erlaubt.

468 Ich habe ihn knapp verpasst. Er ist weg, hat seine Mutter, meine Tante Khawla, allein mit ihrem anderen Sohn zurückgelassen. Tante Khawla ist verzweifelt.

469 Was kann ich tun? Selbst ich als Franzose habe keine Möglichkeit, mir Zutritt zum Gefängnis in Bucca zu verschaffen. Eine von vielen Tragödien im Irak.

Camp Bucca
سجن بوكا
Ehemaliges US-amerikanisches Gefangenenlager im Süden des Irak.

470 Onkel Ryad erzählt, dass sich auch meine Onkel dem Kampf angeschlossen haben, jeder in einer anderen Gruppe. Brave Bürger bei Tag, maskiert in der Nacht.

471 Kaiser Paul Bremer ist weg, und Ayad Allawi, ein Ex-Oppositioneller mit Kontakten zur Baath-Partei, der CIA und dem MI 6, wird das neue Gesicht des Irak.

472 Ein Irak der Autobomben. Es gibt noch keine neuen irakischen Sicherheitskräfte. Der Widerstand nimmt zu. 75 Anschläge pro Tag im Land.

473 Schüsse und Detonationen alle zwanzig Minuten. Immer wieder bebt die Erde, wenn irgendwo im Umkreis von fünf Kilometern eine Autobombe explodiert.

474 In diesem Sommer 2004 schreibe ich weiter für die *Ouest-France*. Alltagsporträts. Ich beginne mit meinem Cousin Mazen im Krankenhaus von Yarmouk.

475 Beruf: Mediziner in Bagdad. »Der Anblick von zerfetzten Körpern und klaffenden Schädeln ist schwer zu ertragen.« Manche geben auf. Mazen hält durch.

476 Am Eingang zum Krankenhaus werden die angehenden Ärzte durchsucht. An diesem Tag bietet der Innenhof der Klinik ein erstaunlich friedliches Bild.

477 Das Blut an den Wänden erzählt von dem mörderischen Wahnsinn anderer Tage. Mazen gehört zu einer Gruppe von 15 Medizinstudenten, Männern und Frauen.

478 Wie an der Universität, sieht man auch hier bisweilen, wie die Jungs heimlich mit den Mädchen flirten. Der Tod und die Liebe.

479 Mazen erzählt mir von dem Tag, als ein Auto in der Polizeiwache von Al Qadisiyah explodiert ist, nicht weit vom Krankenhaus. Die ersten Verwundeten. Das Blut.

480 Viele Verletzte mussten auf dem Boden behandelt werden, weil der Operationssaal nur zwanzig Betten fasst. Aber Mazen blieb ganz ruhig.

Wahhabismus
وهابية
Religiös-politische
Strömung des sunnitischen
Islams, die im
18. Jahrhundert in der
Region um Nadschd,
dem heutigen
Landesinneren von
Saudi-Arabien, durch
Muhammad Ibn Abd
al-Wahhab (1703–1792)
begründet wurde.
Der Wahhabismus ist
fundamentalistisch
ausgerichtet, er
predigt eine Rückkehr
zu den Ursprüngen
des Islam (Koran und
Hadith) und betont
insbesondere den
Glauben an die
absolute Einheit und
Einzigkeit Gottes.

481 2004 verbringe ich den Ramadan-Monat in Bagdad, im Stadtteil Amiriya. Inzwischen haben wir schon Mitte Oktober. Die Hitze ist vorbei.

482 In einem muslimischen Land zu fasten ist für mich eine Premiere. Noch dazu bei Tante Khamael, die sehr fromm ist, von allen auch die #Wahhabitin genannt.

483 Meine Cousins Mazen und Firas sind da, ebenso meine Cousinen Hasna und Nour. Und die Nachbarskatze. Das Haus hallt von inbrünstigen Gebeten wider.

484 Bei Sonnenaufgang werden wir von Trommeln geweckt. *Bumm-badabumm.* »Das Gebet ist besser als der Schlaf. Wacht auf!«

485 Die Trommler wandern von Viertel zu Viertel. Die Atmosphäre ist fast surreal. Magisch. Das frühe Aufstehen fällt schwer. Hasna ist immer die Letzte.

486 Einmal bin ich mir sicher, von einer Erschütterung geweckt worden zu sein. Ich denke sofort an eine Autobombe. Meine Tante sagt, ein Engel habe mich geweckt.

487 Tante Khamael liest im Koran. Auf dem Tisch stehen Datteln, Eier, Wasser und *Labneh*, ein orientalischer Frischkäse. Ich esse mit geschlossenen Augen.

488 Und schlafe mit offenen Augen ein. Ein seltsam frommer Monat, während das Land von einem Krieg ohne Fronten, ohne Namen und ohne Glauben verwüstet wird.

489 Am nächsten Tag gehen wir in die Omar-Moschee in Amiriya. Der Imam wird von der Regierung beschuldigt, gegen die Amerikaner zu predigen. Er weint.

490 Am Ausgang umringen ihn Gläubige, um ihn zu trösten. Ein ›sunnitischer‹ Imam. Eine ›schiitische‹ Regierung. Ein Hauch von Glaubenskrieg liegt in der Luft.

491 Die Schlacht um Falludscha im November 2004 entwickelt sich zu einem erbitterten Häuserkampf, ähnlich wie die Schlacht um Hué in Vietnam.

492 Während der Gefechte komme ich nicht in die Stadt hinein. Aber gleich danach fahre ich hin. Zu Onkel Saad, im Askari-Viertel, direkt an der Frontlinie.

493 Sein Haus ist zerstört, genau wie 80 Prozent der Stadt. Falludscha sieht aus wie eine Mondlandschaft. Alles ist grau. Staubig. Auch die Gesichter.

494 Ich entdecke den Friedhof der Märtyrer, ein ehemaliges Fußballfeld, auf dem ich 1992 noch gespielt habe. Heute gibt es statt der Tore nur noch Gräber.

495 Zwei Cousins von mir liegen dort, 16 und 17 Jahre alt. Sie haben gegen die Amerikaner gekämpft. Und wurden begraben, wo sie früher gespielt haben. Wir sprechen die *Fatiha* – die erste Sure aus dem Koran.

496 Es gibt 3000 Gräber, aber eine Gruppe davon wird besonders häufig besucht. Genauer gesagt 29. Hier wurde eine ganze Familie von einer Rakete getötet.

497 Der Friedhof der Märtyrer. Ein trauriges Symbol. Meine Onkel kommen hinzu. Wie ich weiß, haben auch sie gekämpft. Wir reden nicht darüber. Noch nicht.

498 Man erzählt mir von einer Verfärbung des Himmels. Von weißem Phosphor, der auf Zivilisten niederging. Vom Einsatz unbekannter Waffen.

499 Noch ist nicht klar, worum es sich handelt. Noch ist es vielleicht zu früh, darüber zu sprechen. Ich notiere: »Weißer Phosphor«, »orangefarbener Himmel«.

500 Jetzt ist die Stunde der Trauer. Ich will wissen, was sich in diesem November 2004 in Falludscha ereignet hat. Ich werde die Akten öffnen. Zu gegebener Zeit.

Die selbst gebaute Mine: Im Haus bebt der Boden. Auf der Straße ein warmer Lufthauch im Gesicht.

501 Falludscha ist ein Trümmerfeld, bis auf wenige Häuser. Manche Leute müssen ihre Angehörigen im Garten begraben. Leben, überleben. Auf einem Friedhof.

502 Das Haus von Bibi Samia wurde von einer Granate getroffen. Ein Loch im Dach. Mehrere Einschläge. Aber das Haus hat standgehalten.

503 Bibi Samia redet immer noch so viel. Meine Onkel halten sich tapfer und machen sogar Scherze. Ich setze mich neben Onkel Emad, den lächelnden Poeten.

Salafismus
السلفية
Strömung innerhalb des sunnitischen Islams, die eine Rückkehr zu den religiösen Praktiken anstrebt, wie sie zur Zeit des Propheten Mohammed und seiner Gefährten in der muslimischen Gemeinde ausgeübt wurden.

504 Er erzählt mir von seiner Vision beim Kampf um Falludscha. Emad gehört zu einer #salafistischen Strömung. Jeder meiner Onkel ist in einer anderen Gruppe.

505 Der eine steht einer Schar bewaffneter Sufisten nahe, der andere ist Nationalist. Jeder weiß, was der andere tut. Aber keiner spricht darüber. Aus Respekt.

506 Eines Abends liegt Emad mit anderen auf einem Dach in Stellung und liefert sich einen mehrstündigen Schusswechsel mit den *Marines*.

507 Dann geschieht das Magische: Nach Emads Worten ist eine himmlische Armee weißer Tauben erschienen und hat die Schüsse der Amerikaner abgefangen.

508 Seine Augen glänzen. Er ist schweigsam und nachdenklich. Emad bezeichnet die weißen Tauben als »Engel«, die sich zwischen ihn und die Kugeln werfen.

509 Ich habe das damals als mystische Wahnvorstellung abgetan, eine Verquickung von religiösem Eifer und Todesangst, und ihn nur traurig angelächelt.

510 Aber das Bild ist mir geblieben, mein Onkel, wie er schießend auf dem Dach kauert und von himmlischen Engeln gerettet wird. Immerhin hat er überlebt.

511   Eines Tages habe ich dann *Der ewige Krieg* von Dexter Filkins gelesen, einem Kriegsberichterstatter, der die amerikanische Armee während der Schlacht um Falludscha im November 2004 begleitet hat.

512   Seite 204/205. »Die Gänse kamen von Norden, in einer leicht verzerrten V-Formation, während unter ihnen der Kampf um den Süden Falludschas tobte ...«

513   »Offenbar unfähig, ihren Kurs zu ändern, flogen die Vögel immer weiter auf die Kampfhandlungen zu, bis sie sich direkt über ihnen befanden ...«

514   »Maschinengewehrfeuer ertönte, dann eine Explosion. Die Formation der Gänse brach auseinander, das V-förmige Gebilde zerfiel in wirre, chaotische Kreise ...«

515   »Die Vögel flatterten wild durcheinander, wie gefangen im Bann der Apokalypse, die sich unter ihnen vollzog ... Von meinem Standort mehrere Blocks entfernt sah ich, dass die Gänse direkt über den Kämpfenden kreisten.«

516   »Ein Gebäude explodierte, eine Feuersäule schoss hoch. Nach ein paar Minuten sammelten sich die Gänse wieder in ihrer V-Formation und setzten ihren Flug Richtung Südwesten fort.«

517   Ich habe das Buch zugeklappt und Onkel Emad vor mir gesehen, wie er mit leuchtenden Augen von der Ankunft der Engel erzählt. Das waren also Wildgänse.

518   Mein Onkel Emad war nicht verrückt. Er hatte mir die Wahrheit erzählt. Seine Wahrheit. Dexter Filkins hatte eine andere. Himmlische Engel oder Zugvögel?

519   Letztlich war es nur eine Frage der Wahrnehmung. Die eine mystisch, die andere rational. Eine bedrückende Erkenntnis.

520   Zeigte sie doch stellvertretend, wie tief der Graben zwischen Amerikanern und Irakern in Falludscha war. Poesie als Rettung aus der Not.

521 Voller Trauer verlasse ich die Stadt. Falludscha, wie ich es 1989 kennengelernt habe, gibt es nicht mehr. Nur noch eine Stadt aus Staub. Alles ist grau.

522 Januar 2005 im Amiriya-Viertel. In Bagdad explodiert jeden Tag mindestens eine Autobombe. Ich lerne, die Explosionen am Klang zu unterscheiden.

523 Eine Autobombe: Man spürt schon die Detonation, noch bevor man sie hört. Die Granate: ein machtvoller, trockener Knall. Die Fenster vibrieren.

524 Die selbst gebaute Mine: Im Haus bebt der Boden. Auf der Straße, ein warmer Lufthauch im Gesicht. Und Sandkörner im Mund.

525 Viele Leute horchen erst mal auf die Geräusche draußen, auf den Lärm von Bagdad, bevor sie auf die Straße gehen. So organisiert sich ein Leben im Krieg.

526 Detonationen und Rauchsäulen am Himmel legen fest, welchen Weg man nimmt. Selbst Kinder erkennen die Sprengsätze am Klang. Die Gewehre auch.

527 Eine AK-47 oder eine M16? Hört man sofort. Die Erste rattert in Salven: *Tatata-tatata-tata.* Die Zweite tiefer und gleichmäßiger: *TATATATATA.*

528 Die Kinder spielen nicht mehr so oft Fußball auf der Straße. Die AK-47 aus Plastik ist inzwischen das meistverkaufte Spielzeug. Gefolgt von Handgranaten. Erst dann kommen die Fußbälle.

529 Wenn die Hubschrauber-Pärchen mit ohrenbetäubendem Lärm über sie hinwegfliegen, spielen die Kinder ungerührt weiter. Alles wie immer.

530 Was wird aus dieser Kriegsgeneration, geboren während des Embargos? Und den 2003 Geborenen? Wie geht man unbeschadet aus diesem irakischen Mahlstrom hervor?

531 Der Winter in Bagdad ist hart. Die irakischen Häuser sind geräumig und für den Sommer gebaut. Um sich aufzuwärmen, gibt es den Petroleumofen.

532 Man muss sich direkt vor seine rotglühenden Heizstäbe setzen. Obendrauf wird die Teekanne warm gehalten.

533 Das Haus meiner Tante ist riesengroß. Mit diesem Handwärmer kriegt man das niemals geheizt. Ich wohne, schlafe und esse nur noch in einem Raum.

534 Hier sind jetzt alle weg, meine Tante, mein Onkel und auch mein Cousin Mahmoud. Vor seiner Abreise hat er mir eine AK-47 in die Hand gedrückt...

535 2005 gilt in Bagdad eine Ausgangssperre. Nach 21 Uhr darf niemand mehr auf die Straße. Mahmoud rät mir, mit dem Maschinengewehr ins Bett zu gehen.

536 »Wenn jemand nach 21 Uhr bei dir auftaucht, bist du in Schwierigkeiten. Hier, so wird sie geladen«, hat er gesagt. Ich hoffe, dass ich sie nie benutzen muss.

537 Die Kalaschnikow schläft neben mir. Ich schlafe mit Blick auf das Fenster, durch das man die Haustür sehen kann. Die Nacht ist schwarz, die Straße auch.

538 Manchmal frage ich mich, was ich hier eigentlich mache, ganz allein, mit einem MG, einem Laptop und einem Ölofen. Und einer Ausgangssperre ab 21 Uhr.

539 Um im Winter warm zu bleiben, rühren sich die Iraker eine ganz spezielle Mischung an: Dattelsirup mit Sesamöl.

540 Ein süchtig machendes Konzentrat aus Zucker und Fett, dazu ein starker Tee. Ich schlafe ein. Mitten in der Nacht weckt mich der Strahl einer Taschenlampe.

541 Ich schrecke hoch. Irgendwer fuchtelt gleich
hinter dem Garagentor mit dieser Lampe herum.
Es ist ein Uhr nachts, mitten in der Ausgangssperre.

542 2005 sind Entführungen an der Tagesordnung,
ob nun aus politischen, religiösen oder schlicht
finanziellen Gründen, und sie enden immer böse.

543 Mein Cousin Mahmoud hat ganz klar gesagt:
»Wenn jemand nach der Ausgangssperre ins Haus
kommt, ist das entweder die Polizei oder die Miliz.«

544 Die AK-47 lehnt an der Wand, der Lauf zeigt zur
Decke. Wenn ich sie nehme, erhöhe ich nur das Risiko,
dass es tatsächlich zu einem Schusswechsel kommt.

545 Also lasse ich sie lieber stehen. Reden ist immer
die bessere Wahl. Ich weiß schließlich nicht,
wer mich da besucht und aus welchem Grund.

546 Aber wenn es ein Milizionär ist, als Polizist getarnt,
der von meiner französischen Staatsbürgerschaft weiß
und mich entführen will, um ein Lösegeld zu erpressen?

547 Ich beschließe trotzdem, ohne die Kalaschnikow
rauszugehen. Im Irak darf man solche Situationen nicht
auf die leichte Schulter nehmen. Ich betrete die Garage.

548 Der Strahl der Lampe wandert auf und ab.
Mein Herz setzt einen Schlag lang aus, als ich meinen
Namen höre: »Feurat! Feurat! Los, mach auf!«

549 Es ist einer von Mahmouds zwielichtigen Freunden,
der 130-Kilo-Koloss. Offenbar ist er in die Hütte meines
Onkels gezogen, ohne mir Bescheid zu sagen.

550 »Hast du vielleicht ein bisschen Benzin für den
Generator?«, fragt er. »Der ist leer.« In dieser Nacht
werde ich jedenfalls nicht entführt.

551   Der Generator. Das Stromaggregat. Unmöglich,
über den Irak zu sprechen, ohne sie zu erwähnen.
An jeder Ecke stehen sie und brummen vor sich hin.

552   Die Bombardements der Amerikaner im Jahr 2003
hatten vor allem die kriegswichtige Infrastruktur
zum Ziel: Brücken, Fabriken, Elektrizitätswerke.

553   Im Irak gibt es durchschnittlich drei Stunden
Strom am Tag. Der wird *Al wataniya* genannt – ›der
Staatliche‹. Für den Rest braucht man Generatoren.

554   Ein florierendes Geschäft. Es gibt große und kleine.
Mit dem Kleinen muss man allerdings auf Kühlschrank
und Klimaanlage verzichten, die schafft er nicht.

555   Die meisten Haushalte haben einen kleinen
Generator aus chinesischer Herstellung, mit dem sie
vor allem den Fernseher und den Ventilator betreiben.

556   Um ihn anzuwerfen, muss man nur kräftig
an einer Schnur ziehen. Er knattert wie ein Mofa
und braucht ungefähr fünf Liter Benzin am Tag.

557   Irakischer Erfindergeist und Geschäftsmodell:
Ab jetzt gibt es einen neuen Beruf im Irak,
den Ampere-Verkäufer. Ein kleines lokales Kraftwerk.

558   Der Ampere-Verkäufer besitzt einen großen
Generator, meist mit einer kleinen Hütte daneben.
In der verbringt er seine Tage, manchmal auch die Nacht.

559   Die Bewohner des Viertels mieten monatsweise
einen Anschluss. Fünfzehn Dollar die Amperestunde.
Ein mittelgroßes Haus braucht etwa fünf.

560   Die Stromkunden mieten auch ein Stromkabel, das
den Generator mit ihrem Haus verbindet, manchmal bis
zu 500 Meter lang. Der Irak ist das Land der Stromkabel.

561 Al *Tschai/Chai*. Der irakische Tee ist stark,
fast schwarz. Serviert in einem *sticane*, einem kleinen
verzierten Teeglas. Mit viel Zucker und Kardamom.

562 Der Tee ist ein fester Bestandteil des irakischen
Lebens, der soziale Kitt zwischen Straße und Haus,
sommers wie winters, in Restaurant wie Kaschemme.

563 Der Duft dieses Tees kann sogar Konflikte lösen:
Kardamom besänftigt die Gemüter. Löscht die Glut.
Lässt den Krieg vergessen.

564 Mindestens vier Mal am Tag kommt er im Haus
zum Einsatz. Zum Frühstück wie zum Abendessen.
Auch wenn man danach nicht mehr schlafen kann.

565 Einige trinken ihn auf traditionelle Art. Ist er zu
heiß, gießt man ein Schlückchen davon zum Abkühlen
auf die Untertasse. Und trinkt es dann schlürfend ab.

566 Der Tschai wird ohnehin von allerlei Mundgeräu-
schen begleitet. Die reinste Sinfonie, vom Pfeifen des
Teekessels untermalt. Nichts für Geräuschempfindliche.

567 Jeder trinkt ihn auf seine eigene Art. Einige in
kleinen, geräuschlosen Schlucken. Andere auf ex.
Manchmal sogar mit beiden Händen.

568 Und ein Scheich muss laut in sein Teeglas pusten.
Um seine Gegenwart stets und ständig bemerkbar zu
machen. Und damit seine Autorität.

569 Die Frage »Sie nehmen doch sicher einen Tee?«
gibt es nicht im Irak. Danach fragt man erst gar nicht.
Man serviert ihn einfach.

570 Der *Tschai* wurde in der britischen Mandatszeit von
den Indern eingeführt. Die Bezeichnung *East Tea Can*
wurde in der irakischen Umgangssprache zu ›istikan‹.

571 Jeden Morgen, wenn ich in Mansour das Haus verlasse, habe ich das Gefühl, beobachtet zu werden. Von den Nachbarn. Den Passanten.

572 Ein seltsames Gefühl, irgendwo zwischen Paranoia und Vorahnung. Als wüsste die ganze Nachbarschaft Bescheid. Worüber? Dass ich Franzose bin. Und Journalist.

Georges Malbrunot
Christian Chesnot
Florence Aubenas
Französische Journalisten, die zwischen 2004 und 2005 im Irak entführt wurden.

573 In Bagdad ist es nicht gut, allein zu wohnen, Journalist zu sein und dann auch noch Franzose. Der Beweis: #Georges Malbrunot und Christian Chesnot.

574 Als Nächste war Florence Aubenas an der Reihe. Und wenn mir das passieren würde? Würde mein irakischer Pass mich retten?

575 Tagtäglich werden Iraker für lachhafte Summen entführt. Menschenraub ist ebenfalls ein neues, blühendes Geschäft geworden, wie die Generatoren.

576 Gegenüber vom Haus hat ein neuer Laden eröffnet, unter dem Namen Sayed Halib. Dort bekommt man alles, vom Schlafanzug bis zu Gewürzen.

577 Die Zeit der Ausrufer ist vorbei. Neuerdings nehmen die Verkäufer ihre Botschaften einfach auf. Ein knisternder Lautsprecher übernimmt dann die Arbeit.

578 Einige sind nicht zu überhören, so auch der Stand mit den Ramschwaren und seine Botschaft »500 Dinare, alles für 500 Dinare!«. Man sehnt sich nach Ohrstöpseln.

579 Ich habe weiterhin das Gefühl, dass mein Kommen und Gehen genauestens beobachtet wird. Vor allem aus dem Haus nebenan.

580 Später erfahre ich, dass mein Cousin Mahmoud mich tatsächlich von einigen Nachbarn überwachen ließ. Auch von dem Koloss mit der Taschenlampe…

581 Jeden Tag gibt es Dutzende Tote im Irak. Anschläge, Morde, Entführungen und auch Übergriffe amerikanischer Söldner oder Soldaten.

582 Am 31. August 2005 reicht jedoch ein Gerücht, um in einer knappen Stunde zum Tod von fast tausend irakischen Pilgern zu führen. Auf der Brücke von Al-Aima.

583 Diese Brücke über den Tigris verbindet zwei historische Viertel Bagdads miteinander: Kadhimiya und Adhamiya. Das erste schiitisch. Das zweite sunnitisch.

584 Die schiitischen Gläubigen pilgern zum Heiligtum von Mussa Al-Kadhim, dem siebten Imam der Schiiten. Keine Bombe, keine Schüsse. Nur ein Gerücht.

585 Angeblich sollen sich Selbstmordattentäter in der Menge befinden. Panik bricht aus. Hunderte Pilger ertrinken im Fluss oder werden zu Tode getrampelt.

586 Das Brückengeländer hält dem Druck der Massenpanik nicht stand. Bilanz: 965 Tote. Der blutigste Tag seit 2003.

587 Das Bild geht um die ganze Welt: Ein Meer von Schuhen, die auf der Al-Aima-Brücke zurückgelassen wurden. Der Tigris ist ein offenes Grab.

588 Ein junger Mann kann inmitten dieser Tragödie die bereits wachsenden (und instrumentalisierten) Spannungen zwischen Sunniten und Schiiten etwas mildern.

589 Othman, ein sunnitischer Schwimmer, rettet Dutzende Pilger, bevor er selbst vor Erschöpfung ertrinkt. Ein Symbol der Eintracht. Und der kleinen Leute.

590 Einige Jahre später lerne ich Othmans Vater bei den Dreharbeiten zu einer Filmdokumentation kennen. Ein Reisetagebuch von Nord nach Süd.

591 Das Karrada-Viertel in Bagdad. Das Viertel der Bars und Restaurants, der Cafés, Geschäfte und Märkte. Das alte, lebendige Bagdad.

592 Ich begleite meinen Cousin Firas nach Karrada. Mit seinem Jugendfreund Faisal hat er dort vor Kurzem ein Restaurant eröffnet, das *Al Shmeisani*.

593 Brathähnchen nach Art von Kentucky Fried Chicken. Holzdekor im Berghütten-Stil. Eine Terrasse mit mindestens 50 Plätzen, Küchenpersonal aus Bangladesch.

594 Faisal ist aus einer der großen Kaufmannsfamilien in Bagdad hervorgegangen und wohnt gleich nebenan. Er spricht sehr langsam, wie alle seine Brüder.

595 Karrada ist eins meiner Lieblingsviertel. Es liegt im Zentrum der Hauptstadt und damit auch nicht weit von den Ministerien entfernt.

596 Was es zur bevorzugten Zielscheibe von Autobomben macht. Keine Woche vergeht ohne Großanschlag gegen irgendeine Einrichtung.

597 Die Polizei ist allgegenwärtig. Sperren an jeder Straßenecke. Die trotzdem löchrig wie Siebe sind. Warum? Wegen eines kleinen Geräts.

598 Die Polizei setzt es als Sprengstoffdetektor ein. Es sieht aus wie eine kleine Pistole, mit einer Antenne anstelle des Laufs.

599 Weist die Antenne auf ein Auto hin, wird es am *Checkpoint* angehalten. »Tragen Sie eine Waffe?« Meist reicht ein simples Nein, um durchgewinkt zu werden.

600 Das Problem: Der Detektor funktioniert nicht. Der britische Hersteller wurde wegen Betrugs vor Gericht gestellt. Die Iraker haben den Schaden.

2005 – 2006 Ich gehe oft zum Friseur des Viertels. Der beste Ort, um Neuigkeiten und Gerüchte aufzuschnappen.

601 Ein weiteres Problem des Irak: die Polizei. Nachdem ›Kaiser‹ Paul Bremer die gesamte Exekutive aufgelöst hatte, wurde jeder Dahergelaufene rekrutiert.

602 Vom Bäcker über den Mechaniker bis hin zum frisch entlassenen Schwerverbrecher. Irgendwie musste die von Bremer verursachte Lücke ja gefüllt werden.

603 Laut meinen Cousins standen die Männer damals, nach dem Fall von Bagdad am 9. April 2003, vor den Polizeirevieren Schlange. Jeder wollte eine Uniform.

604 Nur wenige Kontrollen und erst recht keine Nachforschungen zur Vorgeschichte der Bewerber. Keine Zeit, man musste die Leute schließlich in Massen einstellen.

605 In Bagdad habe ich immer zwei Pässe dabei, einen französischen und einen irakischen. Und dazu noch einen gefälschten Presseausweis. Für alle Fälle.

606 Vor allem diesen gefälschten Ausweis zeige ich an fast jedem Kontrollpunkt vor. Ein Foto, ein Stempel. Ein unverzichtbarer Türöffner.

607 Jedes zweite Mal bestätigt sich dann auch, was meine Cousins erzählt haben: Viele der Polizisten, die meinen Ausweis kontrollieren, können gar nicht lesen…

608 Manche von ihnen halten den Ausweis sogar falsch herum. Reichen ihn mir dann, leicht verlegen, mit einem »*yallah, rooh!*« – »los, weiterfahren!« – zurück.

609 Mangelnde Qualifikation führt zu mangelndem Vertrauen. Niemand respektiert das Gesetz. Man muss nur mal in Bagdad Auto fahren, um das zu verstehen.

610 Einmal vergesse ich, an einer Sperre zu halten. Der Polizist brüllt: »Wär ich Amerikaner, wär dir das nicht passiert.« Ich weiß nicht, was ich sagen soll.

611 Ein Sandsturm-Tag. Im Sommer sind diese Stürme ziemlich häufig. Sie tragen roten Sand in die Stadt und sämtliche Geräusche mit sich fort.

612 Wie eine Walze rollt so ein Sandsturm über Bagdad hinweg. Eine Stadt wird verschluckt. Alle Lebensäußerungen erstickt.

613 Mazen ist zu mir nach Mansour gezogen. Wir sind im Garten, als die Wand aus Sand uns erreicht. Hussein, der Gärtner, stellt seinen Rechen weg.

614 Die Amerikaner sind schuld, erklärt mir Mazen. Bei der Besetzung des Irak haben die GIs irrsinnig viele Dattelpalmen gefällt, die früher eine Schutzmauer gegen solche Stürme bildeten.

615 Während dieser Stürme verläuft das Leben ganz anders. Vor allem hören die Anschläge auf. Manchmal ist es mehrere Tage lang still.

616 Der Verkehr kommt fast zum Erliegen. Erstickende Hitze lastet auf dem Asphalt. Asthmatiker landen im Krankenhaus. Wenn sie es bis dorthin schaffen.

617 Mazen und ich sitzen zu Hause fest. Wir haben kaum noch etwas zu essen. Die Sichtweite auf der Straße beträgt keine zwei Meter.

618 Uns bleibt nur noch eine, wegen der Stromausfälle mal mehr, mal weniger tiefgefrorene Pizza. Das Haltbarkeitsdatum ist längst überschritten. Egal.

619 Um die Mittagszeit färbt sich der Himmel orange, fast rot. Der Sturm hält die Zeit an. Und die Bomben. Der einzige Moment des Friedens.

620 Ein Moment, der vier Tage andauern wird. Als der Himmel aufklart, geht das Leben der Iraker weiter, mit all seinen Geräuschen, seinen Klagen, seinen Dramen.

621
Das Jahr 2006 fängt schlecht an. Und zwar am 22. Februar in Samarra, einer Stadt, in der Sunniten und Schiiten ›koexistieren‹. Wie überall im Irak.

Askari-Mausoleum von Samarra
حرم عسكريين
Die Ruhestätte der beiden Imame Ali Al-Hadi und Hassan Al-Askari ist eines der vier wichtigsten Heiligtümer des schiitischen Islams und auch als ›Goldene Moschee‹ bekannt.

622 An diesem verfluchten 22. Februar wird die Kuppel des #Askari-Mausoleums von einer Bombe in die Luft gesprengt. Verantwortlich: die irakische Al-Qaida.

623 Der Anschlag fordert keine Opfer, aber der materielle Schaden ist enorm. Die goldene Kuppel ist völlig zerstört. Und mit ihr ein Symbol des Schiismus.

624 Für die Spannungen zwischen Sunniten und Schiiten bedeutet dieses Ereignis etwas Ähnliches wie der 11. September für die USA: eine Zeitenwende.

625 Ich bin in Paris, als die Nachricht einschlägt. Meine Eltern machen sich Sorgen. Die Einschätzung meines Vaters: Der Glaubenskrieg hat begonnen.

626 Keine zwei Stunden nach dem Anschlag brennen militante Schiiten mehrere sunnitische Moscheen und die Gläubigen darin nieder. Das Monster ist losgelassen.

627 1995 war das schwarze Jahr des Embargos. 2006 wird das dunkelste Jahr der Nachkriegszeit. Die Schockwelle erfasst den gesamten Mittleren Osten.

628 Ich nehme den nächsten Flug in den Irak. Wieder eine trudelnde Landung auf dem Flughafen von Bagdad. Die Blicke der Zollbeamten sind hart.

Mahdi-Armee
جيش المهدي
Paramilitärische Streitkraft des radikalen schiitischen Geistlichen Muqtada al-Sadr. Nach seinem Vater wurde *Sadr City* benannt, das riesige schiitische Viertel am Rand von Bagdad.

629 Auf der Straße des Todes ist alles ruhig. Einige neuere Krater. Mörsergranaten. Ich erreiche Amiriya. Das Viertel wird von US-Soldaten abgeriegelt.

630 Die Milizen von Muqtada al-Sadr, die sogenannte #Mahdi-Armee, haben Amiriya angegriffen. Zur Verteidigung wurden dort ebenfalls Milizen gebildet. Man redet nicht mehr miteinander. Man bringt sich um.

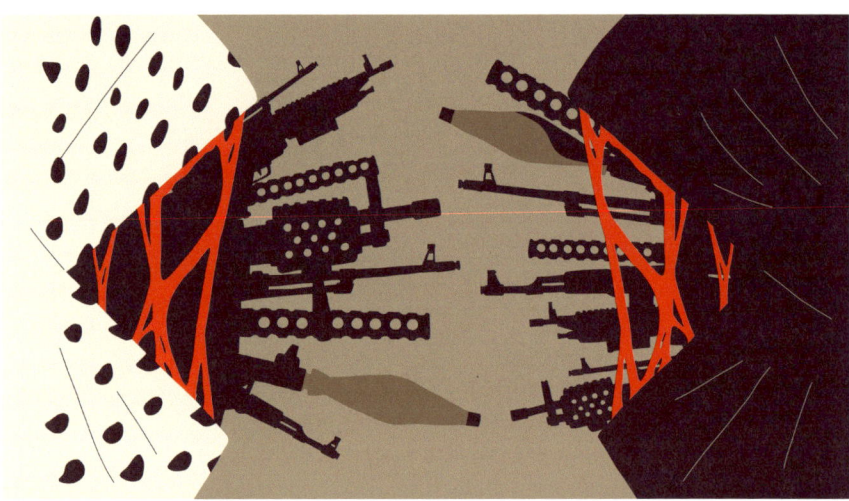

631   Ich bemerke immer mehr religiöse Symbole in Amiriya. Die Gespräche drehen sich um die Mahdi-Armee und ihren Anführer mit dem schwarzen Turban.

632   Die Mahdi-Armee beschießt das Viertel regelmäßig mit Mörsergranaten. Als Vergeltung vertreiben sunnitische Milizen die schiitischen Bewohner.

633   Überall stehen jetzt Häuser leer. Manchmal werden sie von kleineren Splittergruppen besetzt. Oft aber auch von ganz normalen Leuten.

634   Ich gehe oft zum Friseur um die Ecke. Der beste Ort, um Neuigkeiten und Gerüchte aufzuschnappen. Die sind allerdings schlecht…

635   Der Mann, der mich bedient, senkt die Stimme: »Wussten Sie, dass man jetzt schon umgebracht wird, wenn man die Fadentechnik verwendet?«

636   Die Fadentechnik, eine traditionelle Methode zur Entfernung der Gesichtsbehaarung, bei der die Härchen mit zwei verzwirbelten Fäden ausgezupft werden.

637   Den Radikalen, die alles Tun und Treiben der Leute minutiös überwachen, ist die Methode wohl zu feminin. Sie drohen. Und wer nicht kooperiert, wird umgebracht.

638   Es gibt noch ein Hinterzimmer. Der Friseur murmelt, auf Wunsch könne er dort den Faden verwenden, solange man ungesehen bleibe. »Nein, danke.«

639   Die bizarrsten Gerüchte gehen um, zum Beispiel, dass jeder Gemüseverkäufer getötet würde, der Gurken und Tomaten vermischt… Ich verstehe das alles nicht.

640   Auch die Eisblöcke, die man auf der Straße kaufen kann, sind verboten. »Eine moderne Erfindung, wider die Natur«, behaupten jene, die doch keinerlei Problem damit haben, ein Handy zu benutzen.

641 Ich spaziere mit Mazen durch die Hauptstraße des Amiriya-Viertels in Bagdad. Wir trinken *Tschai*. Ein seltener Moment. Friedlich.

642 Ein Schwarztee kostet 250 Dinar. Angesichts der Entwertung sind das ungefähr 0,20 Euro. Man muss zwei davon trinken, um glaubwürdig zu sein.

643 So sitzen wir zwischen Schlürfgeräuschen und Zigarettenqualm, als ein schwarzer BMW langsam auf die Terrasse zurollt. Ein Fenster wird heruntergelassen...

644 Eine Hand taucht auf. Eine 9-Millimeter-Pistole. Ein Schuss. Panik bricht aus. Wir stürmen ins Innere des Restaurants, insgesamt etwa zwanzig Personen.

645 Auf der plötzlich wie leer gefegten Straße liegt ein Mann auf dem Boden. Niemand nähert sich ihm. »Sicher ein Verräter«, ruft einer der Umstehenden.

646 Der BMW ist mit quietschenden Reifen davongerast. Der nächste *Checkpoint* ist keine 60 Meter entfernt. Im Irak tötet man vor den Augen der Polizei.

647 Die Leiche eines ›Verräters‹ liegt oft tagelang auf der Straße. Manchmal nennt ein Wort auf Bauch oder Rücken den Grund für seine Ermordung.

648 Im Viertel erfahre ich, dass auch die Müllarbeiter häufige Opfer sind. Das ist also der Grund, warum sich überall der Müll auf den Straßen türmt.

649 Und wieso die Müllarbeiter? Weil viele Gruppen ihre Sprengsätze in diesen Müllbergen verstecken. Wenn dann ein amerikanischer oder irakischer Konvoi vorbeifährt, zünden sie die Bombe per Handy.

650 Seit Neuestem werden auch Tierkadaver mit TNT gefüllt. Da bieten sich vor allem die Straßenköter an. Von denen gibt es ja mehr als genug...

651 Es gibt Momente des Schreckens und Momente der Freude. Und vor allem gibt es die Dattelsaison. Lange Zeit war der Irak der weltweit größte Dattel-Exporteur.

652 Schon vor 7000 Jahren haben die Sumerer Datteln angebaut und die ersten Bewässerungssysteme in Mesopotamien, dem heutigen Irak, installiert.

653 Ich selbst habe Datteln erst während des Embargos entdeckt, als Schokoladenersatz, obwohl meine Schwester und ich sie erst nicht mochten.

654 Aber mein Vater hat mir beigebracht, dass es bei den Datteln – wie beim französischen Käse – mehrere hundert verschiedene Sorten gibt.

655 Meine Lieblingssorte ist die *Hillawi*-Dattel: halb gelb, halb braun, halb knackig, halb weich. Sie wird immer erst im Spätsommer reif. Im September.

656 Die besten kommen aus Basra, früher das Venedig des Mittleren Ostens genannt. Die Palmenhaine im Süden des Irak sind inzwischen eine Mülldeponie unter freiem Himmel.

657 Die Dattelpalme ist der dem Menschen ähnlichste Baum. Es gibt männliche und weibliche. Die Palmenhaine entstehen durch künstliche Befruchtung.

658 Mein Vater hat mir von einer sehr seltenen Sorte erzählt, die nur alle drei oder vier Jahre reift. Die Dattel ist von einem dunklen Blau.

659 Diese blaue Dattel habe ich noch nirgends gefunden. Der Krieg hat die Dattelproduktion einbrechen lassen. Viele Palmenhaine sind verschwunden.

660 Im Irak werden Datteln üblicherweise mit Joghurt gegessen. Diese seltsame Kombination ist die Delikatesse der Armen. Absolut köstlich.

661 Jetzt herrscht Krieg zwischen sunnitischen und schiitschen Milizen. Einerseits die Mahdi-Armee mit ihrem Anhang. Andererseits Al-Qaida. Auch mit Anhang.

662 Jeden Tag tauchen um die hundert Leichen in den Straßen von Bagdad und Umgebung auf. Oftmals in Handschellen. Gefoltert. Hingerichtet.

663 Mancher stirbt nur, weil er den falschen Vornamen hat. Omar bei den einen, Hussein bei den anderen. So einfach ist das. Symbole können töten.

664 Es gibt wieder ein neues Geschäft: gefälschte Pässe. 2006 tragen die meisten jungen Iraker zwei Ausweise bei sich, einen mit einem sunnitischen, den anderen mit einem schiitischen Namen.

665 Bei Kontrollen oder Entführungen zückt man möglichst den richtigen Ausweis, je nach Uniform oder Akzent des Gegenübers. Oder auf gut Glück.

666 Ein sonniger Tag mitten in Karrada. Ich fotografiere eine Festnahme auf der Straße. 2006 eine große Dummheit. Der Polizist will meine Papiere sehen.

667 Ich habe den falschen Pass dabei. Den irakischen, mit meinem für Al-Anbar typischen Familiennamen. Der Polizist hält mich für einen Terroristen. »Erhabi!«

668 Mit vorgehaltener Kalaschnikow zwingt er mich zum Einsteigen. Fesselt mich mit Handschellen an den jungen Mann aus Ramadi, den er eben verhaftet hat.

669 Beschimpft uns. Mehrere Stunden lang bin ich ein ›Sunnit‹, der von einem als Polizist getarnten, schiitischen Milizionär schikaniert wird.

670 »Ich bring dich um.« An seiner Schläfe pulsiert ein erhöhter Herzschlag. In seinen Augen der Hass. Gepaart mit Angst. Ich glaube wirklich, das ist das Ende.

671 Der Polizeimilizionär schaut mich im Rückspiegel an. »Wenn ich mein Gesicht auf einem deiner Fotos entdecke, bring ich dich auf der Stelle um.«

672 Er glaubt, dass ich ihn fotografiert habe, weil ich ein Mitglied der Al-Qaida bin. Ich versuche, ihm das auszureden, aber ohne Erfolg. Mein Name reicht ihm.

673 Ich erkläre ihm, dass ich französischer Journalist bin. Er bleibt skeptisch. Kein westlicher Journalist hält sich 2006 außerhalb der gesicherten Hotelgelände auf. Ihm läuft der Schweiß über die Stirn.

674 Der Typ aus Ramadi, an den ich gefesselt bin, lächelt nur dümmlich. Der Polizist beschimpft mich immer weiter. Richtet manchmal seine AK-47 auf mich.

675 Fummelt an meiner Kamera herum. Glücklicherweise sind die Batterien leer. Er kann nicht überprüfen, ob ich ihn fotografiert habe. Ich atme ein wenig auf.

676 Es sind auch noch andere Bilder auf der Kamera. Bewaffnete Männer. Ein von Kugeln durchsiebtes Auto. Fotos, die für eine Reportage entstanden sind.

677 Wenn er die sieht, bin ich endgültig geliefert. Was für eine Riesendummheit. Ich hielt mich für geschützt, aber hier gelte ich einfach als Iraker.

678 Vielleicht lässt das Wort ›Journalist‹ den Polizisten zögern. Er beschließt, mich auf die Wache mitzunehmen. Er will den Rat seines Vorgesetzten einholen.

679 Vier Stunden verbringe ich auf dem Revier von Karrada. Ich sehe, wie Leute geschlagen werden. Und ich bin da, weil ich unerlaubt ein Foto gemacht habe.

680 Man gestattet mir einen Telefonanruf. Ich bitte meinen Cousin Mazen, mir meinen französischen Pass zu bringen. Der Polizeichef hält mir eine Moralpredigt.

681 Nachdem ich mehrere Stunden lang mit meinem
Tod gerechnet habe, kann ich endlich aufatmen.
Darauf hoffen, davonzukommen.

682 Meine Kamera liegt auf dem Polizeirevier.
Keiner hat Batterien, um die Fotos zu überprüfen.
Man beschließt, mich gehen zu lassen.

683 Diese Wache sollte ich ab jetzt lieber meiden.
In ein paar Tagen wollte ich ohnehin nach Frankreich
zurückfliegen. Doch der Albtraum geht weiter.

684 Kaum bin ich wieder zu Hause, starten die Amerikaner eine groß angelegte Operation in Amiriya,
das sich zu einer Rebellenhochburg entwickelt hat.

685 Das Viertel wird abgeriegelt, wir können nicht
mehr raus, ohne zu riskieren, von den GIs verhaftet
zu werden. Jung zu sein ist immer verdächtig.

686 Am Steuer von Mazens BMW rolle ich durch die
Einkaufsstraße, in der Abenddämmerung, wenn man
Hund und Wolf kaum noch unterscheiden kann.

687 Mazen brüllt »Stopp!«. Vor uns wandert ein grüner
Laserstrahl über die Straße. Ein Scharfschütze der
Amerikaner bedeutet uns umzukehren. Mit der Waffe.

688 Wir machen also kehrt, ohne Abendessen. Lieber
zu Hause bleiben und die Tür verriegeln. Doch das
Schicksal hat sich heute gegen mich verschworen.

689 »*Open the door, motherfucker!*« Die Tür hat keine
Chance. Ein schwerer Stiefel tritt sie ein.
Unser Nachbar ist das Ziel eines amerikanischen
Eingreifkommandos.

690 Ich bin gerade in der Küche. Durchs Fenster links
von mir kann man die Eingangstür sehen. Ich drehe
den Kopf. Und blicke in ein behelmtes Gesicht.

691 Ein amerikanischer Soldat, der während der Operation nebenan vermutlich die Umgebung sichern soll. Regungslos starrt er mich an.

692 Ich bin allein und wollte zum Kühlschrank, der mangels *wataniya* – dem staatlichen Strom – gerade nicht funktioniert. Ich gehe weiter, öffne die Tür.

693 Ein surrealistischer Moment. Der grüne Laser wandert durch die Küche, richtet sich auf den weißen Kühlschrank. Der Soldat mustert mich genauer.

694 Mein Herz pocht wie verrückt. Und wenn er einfach abdrückt? Ich bin allein, in einem Viertel voller Aufständischer. Niemand würde ihn zur Verantwortung ziehen.

695 Ich beschließe, mich (übertrieben) natürlich zu bewegen. Öffne langsam den Kühlschrank, greife nach einer Wasserflasche. Nicht wirklich kalt, aber ich trinke.

696 Der Laser flattert um mich herum. Behutsam stelle ich die Flasche zurück. Schließe die Tür und drehe mich mit einer langsamen, gleichmäßigen Bewegung um.

697 Sekunden vergehen, die mir endlos erscheinen. Langsam verlasse ich den Raum, mit hängenden Armen, schweißgebadet. So sinnlos sterben? Nein.

698 Am nächsten Tag hat sich der Einsatz schon im ganzen Viertel herumgesprochen. Mohamed F., Mitglied der Islamischen Armee im Irak, wurde festgenommen.

699 Nicht zu verwechseln mit dem Islamischen Staat im Irak. Die Islamische Armee setzt sich weitgehend aus ehemaligen Offizieren und Islamisten zusammen.

700 Eine gut organisierte Gruppe, sehr schlagkräftig und von Bagdad bis Mossul präsent. Macht auch Propaganda. Lange vor der Zeit. Lange vor dem Daesch.

2006 **Mein Irak besteht vor allem
aus einer Vielzahl von Gerüchen:
Sand, Melonen, *Masgouf*, Tee mit
Kardamom und *Samoun*, dem
rautenförmigen Brot.**

701 Diese Woche war hart. Erst dachte ich, ich würde
von einem schiitischen Milizionär getötet. Dann hat
mich der grüne Laser eines amerikanischen Soldaten
gekitzelt.

702 Das Amiriya-Viertel wird immer noch von den
Amerikanern abgeriegelt. Ich kann hier nicht weg.
Wir bleiben die meiste Zeit im Haus, Mazen und ich.

703 Die Straßen sind wie leer gefegt. Die Geschäfte
fast alle geschlossen. Und ein weiterer Sandsturm
hüllt uns ein. Weltuntergangsstimmung.

704 Das einzige Highlight ist der Gottesdienst
am Freitag. Ich gehe mit Mazen in die Moschee.
Die Straßen sind voll, der Imam ist sehr beliebt.

705 Die Gläubigen wirken angespannt. Der Imam predigt mit ernster Miene. Er weiß, dass die Amerikaner
ihm zuhören, in Begleitung ihrer irakischen Übersetzer.

706 Er verwendet Worte, die die irakische Regierung
gar nicht gern hört: »Besatzung«, »Folter«, »Milizen«.
Zeigt uns Bilder des Grauens.

707 Tote Sunniten, die von den Badr- und Mahdi-
Milizen gefoltert wurden. Einige weisen Brandwunden
auf und Löcher von Bohrmaschinen. Der Horror.

708 Der Imam schließt mit den Worten, er würde
von der Regierung bedroht. Einige Gläubige bieten ihm
Unterschlupf an. Auch Mazen. Ich beobachte.

709 Am Ausgang der Moschee gibt es einen Menschen-
auflauf. Ich trete näher. Zwei maskierte Männer ver-
teilen CD-Roms. Die Gläubigen reißen sich darum.

710 Ich ergattere auch eine. Sie heißt: *Qanass Bagdad* –
Der Scharfschütze von Bagdad. Ich höre den Namen
zum ersten Mal. Schiebe die CD in meinen Rechner.

711 Der Titel erscheint auf dem Bildschirm, dazu ertönen *Anashid*: Kampflieder. Dann die erste Szene. Ein amerikanischer Soldat ist zu sehen.

712 Ein Fadenkreuz nimmt den Kopf des Soldaten ins Visier. Ein Knall. Das Bild wackelt. Der Mann fällt.

713 Zweite Szene. Ein GI langweilt sich im Geschützturm seines Panzers. Vielleicht in Ramadi oder Falludscha. Fadenkreuz. *Bamm.* Der GI bricht zusammen.

714 Ich bin fassungslos. Ich schaue zu, wie hier ein Mann nach dem anderen getötet wird. Am Ende sind es mindestens zwanzig. *Bamm.* Tot.

715 Hinter mir machen Mazen und ein Nachbar große Augen. Sie sind auch überrascht, aber weniger schockiert als ich. Der Nachbar lacht bei jedem Knall.

716 Am Ende richtet sich das Video auf einen maskierten Sniper. Ein ›Held‹ namens Juba. Ich wundere mich über den Namen. Für mich ist Juba eine Stadt im Sudan.

717 Der *sniper* reinigt sein Gewehr, legt es dann auf einen Tisch. Zahlen werden eingeblendet. 2006 soll Juba bereits 160 amerikanische Soldaten getötet haben.

718 Oben links das Logo der Islamischen Armee im Irak. Von ihr wurden auch die beiden französischen Journalisten Malbrunot und Chesnot entführt.

719 Ob nun Mythos oder real, die Toten sind jedenfalls echt. Juba wird weltweit berühmt, der brasilianische Illustrator Latuff macht ihn zum Helden eines Comics.

720 Die CDs sorgen in der ganzen arabischen Welt für Aufsehen, von Kairo bis Algier. Im Irak beginnt die Jagd auf den ›sniper von Bagdad‹: ›WANTED!‹.

721 Naphthalin – Mottenpulver. Der Geruch
von Schränken. Koffern. Meine erste Geruchs-
erinnerung an den Irak, noch vor der Aprikose.

722 Der Geruch, der mir 1989 entgegenschlug, sobald
ich den Schrank in meinem Zimmer in Yarmouk
öffnete, im Haus meiner Tante Enaam.

723 Der Geruch, den ich lieben lernte, als ich heimlich
den Koffer meiner Mutter öffnete, um darin herum-
zustöbern. Ihn dann aber schnell wieder zuklappte.

724 Mottenpulver – der Geruch der schwierigen
Abschiede, der inneren Zerrissenheit, wenn ich
aus Bagdad abreisen musste.

725 Mottenpulver – der Geruch der jordanischen
Grenzkontrollen in Tarbil, der letzten Tränen,
schamhaft verborgen. Das Herz voller Trauer.

726 Mottenpulver – der Geruch, der Schädlinge
fernhalten sollte. Heute lockt er Erinnerungen an.
An Reisen, an Straßen, an ein Land. Mein Land.

727 Der einzige Geruch, der mir noch heute einen Stich
versetzt, mich einen Moment lang innehalten lässt.
Mal lächelnd, mal mit gerunzelter Stirn.

728 Geruchserinnerungen prägen sich tiefer ein
als andere. Sind stark mit Emotionen verbunden.
Willkürlich. Tauchen auf ohne Vorwarnung.

729 Riecht die Zeit nach Mottenpulver? Eine nostal-
gische Mischung aus Realität und Fantasie. Aus
schmerzlichen oder auch angenehmen Erinnerungen.

730 Mein Irak besteht vor allem aus einer Vielzahl von
Gerüchen: Sand, Melone, *Masgouf*, Tee mit Kardamom
und *Samoun*. Und Mottenpulver.

731 Ende 2006 ist kaum noch jemand von der Familie meiner Mutter in Bagdad übrig. Nur meine Cousine Taghrid wohnt noch im Yarmouk-Viertel.

732 Jeden Morgen nimmt sie erneut das Risiko auf sich, in der Apotheke zu arbeiten, die ihr Mann mit einem Freund in einem Krankenhaus eröffnet hat.

733 Zu jener Zeit hatte die Sadr-Partei, der politische Arm von Muqtada al-Sadr und seiner Mahdi-Armee, das Gesundheitsministerium inne.

734 Ähnlich den Muslimbrüdern in Ägypten vertreten die Sadristen die schiitische Richtung und kontrollieren wichtige Ministerien. Und die Krankenhäuser.

735 In dieser Woche hüte ich die Kinder von Taghrid. Ein Junge von fünf und ein Mädchen von acht Jahren. Die Schule ist geschlossen, von Raketen getroffen.

736 Ich verbringe viel Zeit mit ihnen. Wir gucken fern. Balgen miteinander. Eines Morgens gibt es, wie so oft, eine Explosion nicht weit vom Haus entfernt.

737 Reflexhaft werfen sich beide Kinder auf den Boden. Das haben sie in der Schule gelernt, erklären sie mir: So schnell wie möglich weg von den Fenstern.

738 Wie soll man unter diesen Bedingungen lernen? Welche Zukunft haben die irakischen Kinder, die mitten im Kriegslärm aufwachsen müssen?

739 Der Freund von Taghrids Mann bleibt abends öfter zum Essen da. Ahmed A. ist rothaarig und erst kürzlich aus dem Gefängnis Abu Ghraib entlassen worden.

740 Er sagt, er gehöre zum salafistischen Widerstand. Nicht als Kämpfer, aber als Helfer. Das Paradox: Er ist auch Beamter im Gesundheitsministerium.

741 Wenn Ahmed sich neben mich setzt, will er immer über zwei Dinge reden: Die Ausübung des salafistischen Islams und den Widerstand in Bagdad.

742 Ich höre wie immer aufmerksam zu und lächele, als er sich plötzlich unterbricht und mich fragt, warum ich nicht die Moschee besuche.

743 Dann redet er weiter. Der salafistische Widerstand sei in Bagdad bestens organisiert. Mich überrascht die Freimütigkeit, mit der er das alles erzählt.

744 Ahmed ist kein Kämpfer, transportiert aber Waffen mit seinem Auto von A nach B. Er erzählt mir auch, wie er in Abu Ghraib gefoltert worden ist.

745 24 Stunden lang mit Handschellen an die Wand gefesselt. Schlafentzug durch laute Musik. Seit seiner Freilassung trägt er Jeans und rasiert sich den Bart.

746 Irgendwann begreift er, dass ich in diesem Konflikt nur Beobachter bin. Er gibt den Versuch auf, mich zu bekehren, wird ein Freund und eine verlässliche Quelle.

747 Ahmed A. verkörpert die ganze Komplexität des Irak nach 2003. Ein (salafistischer) Beamter in einem Ministerium, das den Sadristen untersteht.

748 Mein Eindruck, dass er allzu freimütig von seinen Aktivitäten erzählt, hat nicht getäuscht. Eines Abends erhält Ahmed einen Anruf. Eine Falle. Er tappt hinein.

749 Ein Anrufer teilt ihm mit, der Gesundheitsminister wolle ihn sprechen. »Morgen.« Ahmed zieht ein Hemd an. Fährt in seinem weißen Wagen zum Ministerium.

750 Auf dem Parkplatz davor schnappt die Falle zu. Vier Mitglieder der Mahdi-Armee schlagen ihn zusammen und töten ihn mit einem Nackenschuss.

751 Trotz der abschreckenden Ereignisse in Familie und Freundeskreis schaffe ich es immer noch, allein in Bagdad herumzulaufen, fast *incognito*.

752 Der Krieg zwischen sunnitischen und schiitischen Milizen wütet weiter. Immer noch werden täglich an die hundert Tote auf den Straßen und im Fluss gefunden.

753 Inzwischen hat fast meine ganze Familie Bagdad verlassen, ist nach Syrien und Jordanien gegangen, aber auch weiter weg, nach Kanada und in die USA.

754 Eines Tages treibe ich mich in der Nähe des Tahrir-Platzes herum, etwas kleiner als sein Gegenstück in Kairo, aber ebenso zentral und symbolträchtig.

755 Nicht weit entfernt liegt die prächtige Al-Raschid-Straße mit ihren vergilbten Arkaden, ihren Schrott-händlern und ihren ausgemergelten Gestalten.

756 Ich gehe die Sadoun-Straße wieder hinauf, zurück zum berühmten Platz der Befreiung. Auf der Suche nach einem Ort, den ich nicht mehr finden kann.

757 Ich frage einen Verkehrspolizisten nach dem Weg. Keine gute Idee. Er wird misstrauisch, mustert mich von oben bis unten, fragt, woher ich komme.

758 Paranoia? Vielleicht hält er mich für einen Selbst-mordattentäter. Wer 2006 allein durch Bagdad läuft, ist immer verdächtig. Ich bedanke mich und gehe weiter.

759 Der Polizist nimmt sein Telefon und fängt an zu sprechen, während sein Blick mir weiter folgt. Jetzt werde ich paranoid. Ein Wagen hält neben mir an.

760 Vier Männer mit Schnurrbart mustern mich. Sie sehen aus wie *Mukhabarat*. Was geht hier vor? Wessen habe ich mich schuldig gemacht?

761   Die Paranoia gewinnt die Oberhand. Ich rufe einen Cousin von mir an, ohne die Schnurrbärte aus den Augen zu lassen. Sie starren mich an. Der Polizist ist weg.

762   In Bagdad werden jeden Tag Leute entführt. Aus verschiedenen Gründen, mal religiöser, mal politischer, meist aber finanzieller Natur. Eine Industrie.

763   Mein Cousin Abdelatif wohnt in der Nähe. Er nimmt meinen Anruf an und sagt mir, ich solle bleiben, wo ich bin. Fünfzehn Minuten vergehen. S.e.h.r.l.a.n.g.s.a.m.

764   Dann sehe ich seinen grauen BMW. Er fährt in den Kreisverkehr ein und wir rasen mit Vollgas davon. Ich schaue mich um. Die Schnurrbärte rühren sich nicht.

765   Ich habe das Gefühl, mich lächerlich gemacht zu haben. Aber Abdelatif antwortet nur ernst, das sei nicht so. Entführungen spielten sich häufig so ab.

766   Einige Entführer sind gut organisiert, aber andere gehen einfach auf die Jagd. Abdelatif zufolge bin ich ein typisches Opfer. »Dein Aussehen«, sagt er.

767   Ich spreche zwar den irakischen Dialekt, verrate mich aber, laut Abdelatif, durch ein paar simple Kleinigkeiten: meinen Gang, meine Kleidung, meinen Blick.

768   Lieber lächerlich sein, als entführt zu werden. Der Instinkt ist stärker. Der Hunger auch. Wir fahren zum Essen ins ›Tea Time‹, im friedlichen Harthia-Viertel.

769   2006 gibt es selbst in Bagdad noch Bereiche, wo der Krieg kaum zu spüren ist. In Harthia wimmelt es von schicken Restaurants, voll mit jungen Leuten.

770   Eines der wenigen Viertel, in dem man noch junge Mädchen in Gruppen herumlaufen sieht, mit und ohne Schleier, mit oder ohne Begleitung. Wie an der Uni.

771 Die Situation in Bagdad wird für mich allmählich gefährlich. Seit vier Monaten bin ich nun schon in Mansour. Einen Tag Franzose, einen Tag Iraker.

772 Die religiös-fanatische Atmosphäre ist erdrückend. Ein falscher Vorname, ein Akzent, ein Kleidungsstück, ein bestimmter Fluch kann in Bagdad das Leben kosten.

773 Ich reise für einige Wochen nach Jordanien. Dort lebt die Hälfte meiner Familie mütterlicherseits. Vorher aber noch ein kleiner Abstecher nach Kurdistan.

Irakisch-Kurdistan
Eine seit 1991 autonome, mehrheitlich von Kurden bevölkerte Region im Nordirak mit der Hauptstadt Erbil.

774 Ich bin zum ersten Mal in Erbil. #Irakisch-Kurdistan ist ein anderes Irak im Irak. Ein Ort des Friedens. Mit einer Grenze. Einer anderen Sprache.

775 »*Shoni kaka? Békherbé*«, sagt der schnurrbärtige Fahrer. »*Mamnoun*«, antworte ich. Das ist alles, was ich auf Kurdisch kann. »*Kurdi nazanem*«, sozusagen.

776 Die Zitadelle ist das Juwel der Hauptstadt Erbil. Stolz überragt diese uralte, prä-sumerische Festung den Rest der Stadt.

777 In den Einkaufsstraßen hört man oft den Bagdader Dialekt. Viele Hauptstädter sind vor der Gewalt der religiösen Fanatiker und der Amerikaner hierher geflohen.

778 Als ›arabischer‹ Iraker braucht man für eine Aufenthaltsgenehmigung einen kurdischen Bürgen. Ich kann mich dem entziehen, weil ich Franzose bin.

779 Nicht entziehen kann ich mich dem Verhör der *Asayesch*, der kurdischen Polizei. Meine Familie stammt aus Falludscha und das macht ihnen Sorgen.

780 »Warum Erbil? Und für wie lange?«, fragen sie. Mein Herz antwortet: »Weil das auch mein Land ist«, aber ich zeige meinen Ausweis, lächele und nicke eifrig.

781 Bevor ich das Büro der *Asayesch* verlasse, gibt der Polizist mir zu verstehen, dass Falludscha für viele Kurden gleichbedeutend mit Terrorismus ist.

782 Damit hat er nicht unrecht. Jedes Mal, wenn ich nach meiner Herkunft im Irak gefragt werde, kriege ich den gleichen Witz zu hören: »*Erhabi?*« – »Terrorist?«

783 Insgesamt komme ich aber gut zurecht. Die Kurden, mit denen ich zu tun habe, sind herzlich und offen. Am Fuß der Zitadelle das Café von Mam Khalil.

Mustafa Barzani
مصطفى البارزاني
Mistefayê Barzanî
Kurdischer *leader*, im 20. Jahrhundert oberster Anführer der nationalen Bewegung im irakischen Kurdistan. Gründer und Präsident der Kurdischen Demokratischen Partei im Irak, ein Symbol der kurdischen Interessen.

784 Arabische Musik in Endlosschleife. An den Wänden Fotos von #Mustafa Barzani, Vater von Massud. Auch König Faisal ist zu sehen, der 1958 gestürzt wurde.

785 Die Geschichte des Irak riecht hier nach Kardamom-Tee. Eine weitere Gemeinsamkeit zwischen den Kurden und Arabern in diesem Café.

786 Über der Terrasse flattert die kurdische Flagge, darunter vermischen sich arabische Musik und kurdische Gespräche zu einem Zeitgemälde des Irak.

787 Auf dem Basar ist der osmanische Einfluss sowohl in der Architektur als auch im Warenangebot zu erkennen. Die Zitadelle weiter oben ist noch bewohnt.

788 Doch schon bald werden ihre Bewohner umziehen müssen. Die UNESCO will das Bauwerk restaurieren und in eine touristische Sehenswürdigkeit verwandeln.

789 In den Gassen spielen Kinder Fußball. Ein paar wenige Ausländer machen Fotos. Ich lerne einen Englischlehrer aus Polen kennen.

790 In Bagdad träumt man von diesem Hafen der Ruhe. Die kurdische Region wird den Zerfall des Irak am besten überstehen. Doch zu welchem Preis?

791 Zwei Schwestern, dasselbe Schicksal: Gefängnis, Flucht, Asyl. Geflohen aus dem iranischen Kurdistan, wo sie für die Pejak gekämpft haben.

PKK
Partiya Karkerên Kurdistan Arbeiterpartei Kurdistans, 1978 gegründet. Bewaffnete Gruppierung mit marxistischer Ausrichtung, die von einem Großteil der Internationalen Gemeinschaft als Terrororganisation betrachtet wird.

792 Auch wenn einige bestreiten, dass die Pejak aus der #PKK hervorgegangen ist, weisen ihre Diskurse und Methoden jedenfalls viel Ähnlichkeit auf.

793 Eines Tages laden mich diese Schwestern zu einer ›Pressereise‹ der Pejak ein, die seit 2004 in Erbil heimisch ist. Ein Picknick in den Bergen.

794 Ungefähr zwanzig Leute fahren mit, darunter zwei Amerikanerinnen und mein polnischer Bekannter, der Rest irakische Kurden. Ich bin der einzige Araber.

795 Die beiden Schwestern sprechen Sorani, haben also keinerlei Verständigungsprobleme mit ihren Brüdern im Irak. Die mustern sie mit verliebten Blicken.

796 Im Bus sprechen die Amerikanerinnen über Ankawa, ein Viertel in Erbil, in das viele christliche Chaldäer aus Karakosch, Mossul und anderswo geflohen sind.

797 Interessant, sie hier in dem Bus einer Gruppe linksextremer, kurdischer Separatisten sitzen zu sehen, die sich im Kampf gegen den Iran befinden.

798 In 1500 Metern Höhe halten wir an, in einer Berglandschaft, die an die Schweiz erinnert. Auf der Speisekarte: Sandwiches und politische Vorträge.

799 Ein Anführer erläutert das Ziel des Kampfs gegen den Iran, die Wiedervereinigung aller irakischen, irani- schen, syrischen und türkischen Kurden. »Der Traum.«

800 Vortrag beendet. Die Schwestern fangen an zu tanzen, unter den Nebelaugen der Kandil-Berge. Und unter den gebannten Blicken ihrer irakischen Brüder.

2006 – 2007 Syrien, ein Land im Frieden. Damals noch stabil. Ein Land, das die Medien nur wenig interessiert. Ein wunderschönes Land.

801 Amman, das Rom des Mittleren Ostens, wurde auf sieben Hügeln erbaut. Heute sind es 19. Der zweite Irak. 20% der Bevölkerung stammen aus dem Land im Krieg.

802 So viele sind gekommen, dass die Inflation in den letzten Jahren explodiert ist. Die Iraker brachten viel Bargeld mit und haben Wohnungen gekauft.

803 Viele bereuen die Aufnahme der Nachbarn. Dabei ist Jordanien ohnehin ein Flüchtlingsland. 60% der Bevölkerung sind palästinensischer Herkunft.

804 Mit den Syrern, die als Letzte kamen, sind die Jordanier zur Minderheit geworden. Absurde Situation. Trotzdem ist das Land immer noch weitgehend stabil.

805 Ich fahre für ein paar Tage hin, zu einer meiner Tanten. Sie ist geflohen, wie die anderen auch. Und wird so bald nicht zurückkehren. »Vielleicht nie mehr.«

806 In Amman kann ich einige Vertreter und Fürsten der Stämme treffen. Jordanien ist ihr Wochenende, manchmal auch unfreiwillig. *Cheikh* Tarek ist da.

807 Ein Geschäftsmann aus dem Dorf Halabsa, etwa zehn Kilometer von Falludscha entfernt. Die Stadt meiner Eltern wird von der US-Armee abgeriegelt.

808 Jeder Bewohner wurde von den Amerikanern überprüft. Es gibt sogar Abzeichen mit verschiedenen Kategorien. »A« = harmlos. »C« = Terrorist.

809 Ich möchte nach Falludscha, um dort über die ›Erweckung‹ der Stämme zu berichten. Junge Männer, die von der amerikanischen Verwaltung bewaffnet und bezahlt werden, um gegen Al-Qaida zu kämpfen.

810 Scheich Tarek kann mir helfen, weil er dazugehört. Ich treffe ihn in Begleitung meines Onkels Fawzi, Vater von Mazen und ehemaliger Gouverneur der Provinz Kut in den 80ern.

811 Ein Treffen im Hauptquartier des Scheichs, etwas oberhalb des dritten Kreisverkehrs. In Amman spricht man nur von Vierteln und Kreisverkehren.

812 Wir werden von einem Angehörigen des Halbousi-Stammes empfangen. Ein junger Mann im Anzug, mit gegeltem Haar und pechschwarzem Schnurrbart.

813 Der Scheich selbst, ein großer Kerl und ebenfalls im Anzug, hat eine tiefe, sanfte Stimme. Wir lassen uns auf schwarzen Ledersesseln nieder.

814 Ich habe eine Videokamera dabei, von meinen mageren Ersparnissen als freier Journalist erworben. Eine Sony PD 170 (inzwischen völlig veraltet).

815 Ich möchte den Scheich interviewen, ihm aber auch von meiner Arbeit erzählen. Bestimmt kann er mich mit seinen Leuten nach Falludscha reinschmuggeln.

816 In unserem Gespräch geht es um Al-Qaida und die Vertretung der Sunniten in Bagdad. 2007 hat das politische System schon Rost angesetzt.

817 Das Gespräch geht zu Ende. Mein Onkel, immer in Eile, verabschiedet sich. Das ist meine Chance.
Ich frage den Scheich, ob er noch kurz Zeit für mich hat.

818 Mein Onkel weiß nichts von meinem Vorhaben. Er wartet draußen. Das ist unüblich, aber ich habe keine andere Wahl. Der Scheich zieht an seiner Zigarre.

819 Ich komme gleich zur Sache. »Ich möchte die Stämme der #Sahwa in Falludscha filmen.« Er fixiert mich, lächelnd, nimmt einen weiteren Zug. »Okay.«

820 »In zwei Tagen fahren einige meiner Leute hin. Aufbruch um 3 Uhr früh.« Er weiß, dass ich unbemerkt bleiben will. Mein Onkel wartet. Ich verabschiede mich.

Die Sahwa
(Die Erweckung)
الصحوة
Anfangs auch Söhne des Irak genannt, bildet die Sahwa-Miliz eine Verstärkung der irakischen Armee, die aus maximal 92 000 Mann bestand, größtenteils ehemalige sunnitische Aufständische.

821 Amman morgens um 2 Uhr 30. Ein mondloser
Himmel. Bei Tante Khamael schlafen alle noch.
Ich sitze auf dem Sofa. Mein Koffer ist gepackt.

822 Niemand weiß, dass ich nach Falludscha fahre.
Ironie der Geschichte: Um sie nicht zu beunruhigen,
habe ich meiner Familie erzählt, ich fahre nach Syrien.

823 Syrien, ein Land im Frieden. Damals noch stabil.
Ein Land, das die Medien nur wenig interessiert.
Ein wunderschönes Land. Ein Bruderland.

824 Kurz, ich habe meine Verwandten belogen, um
in Ruhe nach Falludscha fahren zu können. Nur Marc
Berdugo von der Agentur CAPA in Paris ist informiert.

825 Ich war bei ihm, mit meiner Sony. »Ich habe vor,
nach Falludscha zu fahren, ist das okay?« Er hat mich
kurz gemustert. Mir zugelächelt. Und Ja gesagt.

826 Marc Berdugo war mir sofort sympathisch.
Einen 27-Jährigen ohne Filmerfahrung einfach so los-
ziehen zu lassen, das ist schon mutig (oder verrückt).

827 Ein Händeschütteln, ein knappes »Viel Glück«.
Und nun sitze ich hier mit meinem Gepäck, um halb
drei Uhr morgens. Gespannt, aber auch nervös.

828 Pünktlich um drei finde ich mich im Viertel von
Jabal Amman ein, wo ich erwartet werde. Drei Typen
laden gerade ihr Gepäck in den Kofferraum.

829 »*Salam aleikum ya Fourat!*« Herzlicher Empfang.
Einer der Angehörigen des Halbousi-Stamms hat große
Ähnlichkeit mit dem ›Araber‹ in Tim und Struppi.

830 Rote *Kefiye*, blaue *Dishdasha*. Er steigt vorne ein.
Ich hinten, neben Scheich Salam. Mit der Ausstrahlung
eines jungen, künftigen Fürsten. »*Bismillah!*«

831 Am Grenzposten bietet uns ein Mitglied des Halbousi-Stamms einen Tee an, drückt uns dann *ruckzuck* seinen Stempel in die Ausweise.

832 Ich schalte die Kamera ein. Richte sie auf das Gesicht von Scheich Salam und stelle sie scharf. Es ist 10 Uhr morgens und wir sind auf irakischem Gebiet.

833 Das Gesicht von Scheich Salam ist also scharf, im Hintergrund zieht die Wüste der Provinz Al-Anbar vorbei. Die Straße ist auch nur Wüste.

834 Scheich Salam erzählt von der *Sahwa*, der Erweckung. Als hätten die Stämme geschlafen und würden jetzt von einem Albtraum namens Al-Qaida geweckt.

835 So einfach ist das natürlich nicht. Der Araber aus *Tim und Struppi* hat seine 9 mm gezückt. Die Straße ist gefährlich. Vor allem bei Rutba. Kilometer 160.

836 Ein Krieg tobt zwischen den Sahwa-Milizen und den Mitgliedern von Al-Qaida im Irak. Die Stämme haben die Oberhand. Al-Qaida hat mehrere Städte verloren.

837 Aber Tote auf beiden Seiten sind an der Tagesordnung. Selbstmordattentate, eine Magnetbombe unter dem Motor. Auge um Auge, Zahn um Zahn.

838 Wir fahren an Ramadi vorbei. Scheich Salam ruft seine Leute an. Ein Polizeiwagen wird mich *incognito* in die Stadt bringen. Ich habe kein Abzeichen.

839 Am *checkpoint* von Falludscha erwartet mich ein Polizei-Pick-up. Ein Schnurrbärtiger schaltet die Sirene ein. Wir fahren an den amerikanischen Postenketten vorbei.

840 Meine Sony PD 170 läuft schon, als wir in Falludscha einfahren. Das ist ihre Feuertaufe. Ich filme alles. Ein Abenteuer beginnt. Und ist noch lange nicht vorbei.

841 Der Polizist setzt mich bei Abu Yunis ab, vom
Stamm der Albu Alwan. Wir sind im gleichen Alter.
Er wohnt im Mohandessin-Viertel und ist mein Führer.

842 Abu Yunis ist ein ehemaliger Fußballspieler, ein
richtiger Hüne mit hellen Augen. Er ist bei der Sahwa,
denn »andere Jobs gibt's hier ja nicht«.

843 Bei ihm wartet eine ganze Schar von jungen
Männern. Alle wollen mich begleiten. Wir fahren mit
drei Autos, fast schon ein Konvoi. Richtung Innenstadt.

844 Auf dem Markt wimmelt es von Menschen.
Ringsum ist alles verwüstet. Kein Gebäude ohne Ein-
schusslöcher. Viele sind halb oder auch ganz zerstört.

845 Mit Omar, einem der jungen Männer, gehen
wir den Euphrat entlang, rechts der grünen Brücke.
Blumenhändler kauern am Wasser und begießen
ihre Ware.

846 Gegenüber trägt ein Hammam meinen Namen:
Feurat. Die Uferstraße biegt ins Zentrum ab und führt
zu einer alten Synagoge.

847 Die Synagoge ist eine Grundschule geworden.
Auf der Straße gibt es Kontrollpunkte der Polizei
und der Sahwa, alle noch sehr jung.

848 Niemand wusste, dass ich komme, aber die Nachricht verbreitet sich schnell. Mit meiner Kamera falle ich
sofort auf. Abu Yunis fährt mit mir zu einem Freund.

849 Er hat ein Musikgeschäft. Hunderte von Platten an
den Wänden. Nach Eintreffen der Sahwa hat er wieder
aufgemacht. Unter Al-Qaida war Musik verboten.

850 Er heißt Mohamed. Lächelnd, aber gestresst.
Er serviert uns einen ›Cocktail‹ aus irakischer Musik,
darunter auch der bekannte Sänger Hussam Al Rassam.

851   Falludscha ist in einem erbärmlichen Zustand.
Die Stadt sieht aus wie nach einem Erdbeben.
Alles ist grau. Alles staubig.

852   Staubig ist auch das Gesicht des jungen Mannes,
der mich jetzt begrüßt. Er heißt Qotada und treibt sich
auf dem Markt herum. Sehr dynamischer Typ.

853   Der Inbegriff des Lebenskünstlers, der jede Gelegen-
heit nutzt, um über die Runden zu kommen. Hier und
da kleine Arbeiten übernimmt. Ein Straßenkind.

854   Qotada führt mich zu einem Händler. Ruft den
Tschaitschi – den, der den Tee serviert, die Hand geradezu
mit dem Tablett verwachsen.

855   Die Teekanne wandert hierhin und dorthin.
Uns wird eingeschenkt. Meine Kamera läuft.
Die Zeit auch. Die Teelöffel kreisen.

856   Danach will Abu Yunis mir etwas zeigen. Gleich
nebenan. Das Fotostudio eines Freundes, der auch
Mohamed heißt. Studio Al Salam. Ein kleiner Eckladen.

857   Wir treten ein. Begrüßungsworte. Ein junger
Mann vor seinem Rechner. Er hebt den Blick,
nickt mir zu. »Bist du der Franzose?«

858   »Alle reden hier von dem Franzosen mit seiner
Kamera.« Mohamed hat mich am Vortag in der Stadt
gesehen, wo ich gerade irgendwas gefilmt habe.

859   Er mustert mich genauer. Als hätte er eine Ent-
deckung gemacht. »Eine Tante von mir lebt auch
in Frankreich.«

860   »Sie heißt Wafa Al Joumaily.« Mir klappt die
Kinnlade herunter. Dann sage ich: »Das ist meine
Mutter!« Ich bin auf einen Cousin gestoßen.

861 Was für ein wunderbarer Zufall. Mohamed ruft seine beiden Brüder an, Mahmoud und Ahmed. Sie kommen gleich angerannt. Umarmungen.

862 Abu Yunis ist genauso überrascht wie ich. Er wollte mich seinen Freunden vorstellen und stattdessen lerne ich meine Familie kennen. Das Studio Al Salam.

863 Meine Mutter, die jüngste von vier Schwestern, hat außerdem noch drei Halbbrüder. Die hatten wir nie besucht, aber ich wusste von ihrer Existenz.

864 Nun stehen also die Kinder meines Onkels Moayed vor mir. Sie laden mich zum Abendessen ein. Abu Yunis, der Urheber unserer Begegnung, kommt mit.

865 Das Mohandessin-Viertel. Ein riesiges, prachtvolles Haus. Ein Wohnzimmer, so groß wie fünf Appartements in Paris. Ein Onkel, der kleiner ist als ich.

866 Straffe Haltung, getrimmter Schnurrbart, das Outfit noch aus Wohlstandszeiten, eine Zigarre in der Hand, ein Lächeln im Mundwinkel. Onkel Moayed.

867 Zeremonielle Umarmung. »Wie geht es deiner Mutter?« Dann: »Was machst du im Irak?« Dann: »Was machst du von Beruf?« Ich: »Journalist.« Er: »Warum?«

868 Er schaut mich traurig an. »Warum verschwendest du deine Zeit? Was zählt, mein Neffe, ist der Dollar!« Ich weiß nicht, was ich sagen soll.

869 Meine Cousins haben mir von der Depression meines Onkels erzählt. Seit 2003, seit dem Zerfall des Irak, geht er nicht mehr aus dem Haus. Er trinkt. Er weint.

870 Mein Onkel wurde von den Ereignissen überholt, er ist im goldenen Zeitalter des Irak hängen geblieben. Eines verschwundenen Irak, schon weit entfernt.

871 Im Wohnzimmer sind nur Männer. Und Waffen. Und Zigaretten. Und ein Kartenspiel. Wir spielen das Lieblingsspiel der Iraker: Rommé.

872 Einige wollen die Geschichte von der Zufallsbegegnung mit meinem Cousin noch mal hören. Die Versammlung lauscht mit erstaunten Blicken.

873 Meine Cousins haben auch zwei Schwestern. Die lerne ich erst kennen, als die Gäste gegangen sind. In Falludscha werden Frauen weder gezeigt noch erwähnt.

874 Mohamed lädt mich ein, bei ihnen zu übernachten. Abu Yunis will noch verhandeln, gibt dann aber auf. »Familie geht vor« ist das schlagende Argument.

875 Im ersten Stock umringen mich meine Cousins und bombardieren mich mit Fragen nach Frankreich und meinem Leben dort. Naive, liebenswerte Fragen.

876 Sie erzählen mir von dem Fotostudio. Mohamed ist ein *geek*. Er retuschiert die Fotos, dass »selbst die Hässlichsten hinterher echt super aussehen«.

877 Was am besten geht? Romantische Landschaften. Ein frisch verheiratetes Paar kommt herein. Mohamed versieht ihr Foto mit einer Verzierung aus Blumen.

878 Das junge Paar geht auf Reisen, ohne Falludscha zu verlassen. Das Studio ist in dieser Stadt unverzichtbar geworden. Die Geschäfte gehen gut.

879 »Unter Al-Qaida war das anders.« Aber auch von der Sahwa ist Mohamed nicht überzeugt, denn die bietet nur den amerikanischen Weg an.

880 Am nächsten Tag nehme ich an einem *Fasil* teil, einem Stammesrat. Eine Parallel-Justiz, um Konflikte beizulegen: Schulden, Gewalttaten, überfahrene Ziegen.

881 Wir sind in Garma, der Hochburg des Joumaily-Stammes. Im Saal sitzen an die vierzig *Chioukh* (Plural von *Cheikh*) und warten.

882 Tassen mit arabischem Kaffee werden herumgereicht. Meine Kamera läuft. Ich will den Eintritt des Angeklagten nicht verpassen. Dies ist ein Gericht.

883 Ein Stammesgericht. *Fasil.* Wenn es keinen Staat mehr gibt, tritt der Stamm an seine Stelle. Die heutige Versammlung ist wichtig, die Stimmung angespannt.

884 Ein Mann tritt in den Saal, mit gesenktem Kopf. Er trägt Handschellen und wird von zwei Mitgliedern seines eigenen Stammes flankiert. Sie stellen ihn vor.

885 »Ihr habt uns aufgefordert, euch Brahim vorzuführen. Hier ist er.« Eine Szene wie bei einem Volksgericht. Die Männer mustern ihn und trinken Kaffee.

886 Brahim wird auf den Boden gesetzt. An einem Fasil nehmen der geschädigte und der beschuldigte Stamm teil. Das Urteil fällt der Scheich eines dritten Stamms.

887 Brahim wird beschuldigt, auf einen Angehörigen des anderen Clans geschossen zu haben. Und dringend verdächtigt, Mitglied der Al-Qaida im Irak zu sein.

888 Der Scheich des dritten Stammes hält einen wütenden Monolog. »Brahim soll erdulden, was er Q. zugefügt hat: Man wird drei Mal auf ihn schießen.«

889 Es folgt ein Dialog zwischen den beiden Stämmen. Hintergründe werden erläutert. Dann ein Verhör: »Wie viele Operationen hast du durchgeführt?« »Nur eine!«

890 Brahim: »Ich schwöre, das war die einzige Operation. Ich habe noch nie einen Menschen getötet, sei er nun Sunnit oder Schiit.«

891 Brahim: »Der Scheich gibt uns die Anweisungen. Er sagt uns, was wir machen sollen, auf wen wir schießen sollen, wir wissen nie so genau, warum.«

892 Der Richter-Scheich: »Wer ist dieser ›Scheich‹?« Brahim: »Alle nennen ihn ›den Scheich‹, aber keiner weiß, wer das ist, wir führen nur seine Befehle aus.«

893 Im Saal werden Stimmen laut. Die Debatte ist stürmisch. Rede und Gegenrede. Brahim hat niemanden getötet, aber sein Opfer ist schwer verletzt.

894 »Qisas!«, rufen einige. Qisas bedeutet ›Rache‹, oder ›Auge um Auge‹. Ich kann kaum glauben, dass ich gerade eine solche Szene filme.

895 Die Stämme einigen sich. Brahims Stamm kauft ihn für 10 000 Dollar frei. Mit dieser Summe soll die chirurgische Operation des Opfers bezahlt werden.

896 Für dieses milde Urteil verlangt der dritte Stamm jedoch, dass Brahim Informationen über Al-Qaida liefert. Wertvolle Auskünfte. Eine CD ist verfügbar.

897 Brahim wird stundenlang befragt, mit verbunde-nen Augen und auf den Knien. Es ist das erste Mal, dass ich einem Mitglied von Al-Qaida begegne.

898 Abu Yunis und ich verlassen den Saal. Für ihn ist diese Szene ganz normal. Ich dagegen kann immer noch nicht fassen, was ich gerade erlebt habe.

899 Ein Paradebeispiel für das, was Ibn Khaldun, ein Soziologe der ersten Stunde, ›Asabiya‹ nannte. Den sozialen Zusammenhalt. Die Abwesenheit des Staates.

900 Laut Ibn Khaldun entstehen Zivilisationen aus der Konfrontation von Stamm und Staat. Der *Fasil* ist ein Beispiel dafür. Rückkehr nach Falludscha.

Eines Abends traue ich mich endlich, ihnen zu sagen, dass ich Iraker bin. Sie sind neugierig, bestürmen mich mit Fragen.

901 Am nächsten Tag fährt Abu Yunis mit mir zum Polizeirevier im Norden Falludschas. Es wird von einem Joumaily geleitet, meinem Stamm mütterlicherseits.

902 Vor dem Eingang ein amerikanischer Panzer. Das Revier wird auch von Amerikanern genutzt. Hoffentlich fällt meine illegale Einreise niemandem auf.

903 Ein langer, von Stacheldraht gesäumter Gang. Ein *checkpoint*. Zwei junge Falludschi, Zigaretten im Mundwinkel. Ich filme sie. Sie werfen sich stolz in Pose.

904 Vor der Wache lungern ein paar amerikanische Soldaten herum, alle in meinem Alter. Auf jedes *»Hey journo, wot up?«*, erwidere ich *»Hey dude ...«*

905 Drinnen sehe ich einen, der auf einem Schreibtisch sitzt. Ich will ihm ein paar Fragen stellen. Er ist einverstanden, weil *»fucking bored«*.

906 Ich frage ihn, ob er keine Angst hat, sich in dieser gefährlichen Stadt aufzuhalten. Er antwortet: *»Man, Falloujah is now safer than Philadelphia.«*

907 Ich kriege nicht viel aus ihm raus. Nur, dass er sich langweilt und dass es in Falludscha sehr viel besser läuft, seit der Polizeichef, der Joumaily, da ist.

908 Der sitzt im Büro gleich nebenan. Dichter Schnurrbart, dicker Bauch, dunkle Haut, typisch für die Leute aus Garma. Sehr aufrechte Haltung. Stolz.

909 Er erklärt mir, dass die Al-Qaida-Mitglieder alle bekannt sind. Und dass es nur eines von ihnen getöteten Irakers bedurfte, um die Stimmung kippen zu lassen.

910 »Wir haben einen nach dem anderen ausfindig gemacht. Der Rest ist in die umliegenden Dörfer geflohen. Ein paar Dutzend sind noch übrig, natürlich in Dschulan.«

911 Dschulan ist der größte Stadtteil von Falludscha. Und auch der ärmste. Hier leben zwei meiner Onkel väterlicherseits. Ich besuche sie unangemeldet.

912 Jeder kennt hier jeden. Also frage ich nach dem Haus von Hadji Ayad. »Das Haus da hinten links.« Ich sehe es. Abu Yunis folgt mir.

913 Ein Jugendlicher kommt mir entgegen. Groß und dünn. Ich frage ihn, ob in diesem Haus wirklich Hadji Ayad wohnt. »Ja, das ist mein Vater.« Lächeln.

914 Ich frage ihn, ob er weiß, wer ich bin. Lächelnd fragt er zurück: »Feurat?« Und ich wiederum: »Ahmed?« Jetzt lächelt Abu Yunis.

915 Vor dem Haus gibt es immer noch diese kleine glatte Stufe. Und drinnen immer noch den Hühnerstall. Mein Onkel Ayad ist da. Er steht auf.

916 Begrüßung. Abu Yunis folgt mir ins Wohnzimmer. Mein Onkel hat sich kaum verändert, bis auf die Brille, die er auf der Nase hat. »Allah abulkhair!«

917 Ich erkläre ihm mein Kommen. Er nickt. Der junge Sahwa neben mir scheint ihn jedoch zu stören. Erst jetzt wird mir mein Irrtum klar.

918 Mein Onkel ist ein ehemaliger Kämpfer. Niemals würde er mit den Amerikanern zusammenarbeiten. Abu Yunis gegenüber bleibt er höflich, aber ziemlich spröde.

919 Als wir ins Wohnzimmer treten, legt Abu Yunis seinen Revolver auf den Tisch. Das gefällt meinem Onkel, einem Offizier der Armee, überhaupt nicht.

920 Drei Konflikte in einem: ein generationeller, ein politischer und ein sozialer. Alt gegen jung. Stadt gegen Land. Mudschahid gegen Sahwa.

921 Ich übernachte bei meinem Onkel Ayad in Dschulan. Abu Yunis und die anderen fahren nach Hause, in der Hoffnung, mich morgens wieder abholen zu können.

922 Onkel Ayad findet sein Lächeln wieder. Meine anderen Onkel kommen zu Besuch. Onkel Emad, der Poet, gibt mir einen Brief für meinen Vater mit.

923 Ein Gedicht zum Ruhm des irakischen Widerstands in Falludscha. Ich stecke den Brief in meinen Rucksack. Ich werde ihn später lesen.

924 Das Gespräch dreht sich um die aktuelle Lage. Nach Ansicht meiner Onkel ist die Sahwa nur ein Werkzeug der Amerikaner, um den Widerstand zu brechen.

925 Bei diesem Wort verzieht mein Onkel Ayad das Gesicht. Ich begreife, dass ehemalige Kämpfer wie er geächtet werden.

926 Aber noch viel schwerer fällt es ihm, die amerikanische Besatzung zu ertragen. Mir fällt auf, dass im Wohnzimmer alle Vorhänge zugezogen sind.

927 Jedes Mal, wenn ein amerikanischer Konvoi vorbeifährt, windet sich Onkel Ayad vor Schmerzen, als würde die Wut ihn innerlich zerreißen. Es macht ihn krank.

928 2004 war er einer der *leader* im Viertel, anerkannt für seine militärische Erfahrung und seinen bewaffneten Kampf gegen die amerikanischen Besatzer.

929 Bis vor ein paar Monaten hat er noch gekämpft. Drei Jahre lang. Heute ist er zum Schweigen verdammt. Er macht mich zu seinem Vertrauten.

930 Zwei bedeutsame Episoden sind mir noch in Erinnerung: ein hollywoodmäßiger Zusammenstoß mit den Amerikanern und eine groß angelegte Operation.

931 Onkel Ayad war Anführer einer Gruppe im Dschulan-Viertel. Ein Dutzend Männer. Die meisten von ihnen tagsüber Kaufleute. Und nachts maskiert.

932 Unter ihnen auch ein Kurde aus Falludscha. Vor dem Krieg lebten hier Tausende von Kurden, schon seit vielen Generationen, echte Falludschis.

933 Onkel Ayad bringt mich zu ihm. Der Mann trägt eine Brille und hat ein Bein im Kampf verloren. Er lebt in einem sehr bescheidenen Haus.

934 Mit leuchtenden Augen erzählt er von meinem Onkel: »Sobald Schüsse fielen, sollte er losrennen, aber er ist in aller Ruhe durch den Kugelhagel marschiert.«

935 Eines Tages stehen er, mein Onkel und ein dritter Mann überraschend einer amerikanischen Patrouille gegenüber. Eine Szene wie aus einem Kriegsfilm.

936 Mit tragikomischen Zügen: Dem Kurden rutscht die Kalaschnikow aus der Hose. Die GIs schießen sofort. Mein Onkel wird von zwei Kugeln getroffen.

937 Während der dritte Mann mit einer *Douchka* Deckung gibt, wird mein Onkel hinten auf einen Pick-up geworfen. Kavalierstart. Die GIs sind bald abgehängt.

938 Mein Onkel zeigt mir, wo die Kugeln ihn getroffen haben. Eine in die linke Hand, eine unten in den Rücken. Seitdem hinkt er ein bisschen.

939 Hat er schon mal amerikanische Soldaten getötet? Ich wage nicht, ihn direkt zu fragen. Er begreift und antwortet »*Allah yaalem*« – das weiß Gott allein.

Hadji
الحجّي
Jemand, der nach Mekka gepilgert ist.

940 Im Viertel wird ihm viel Respekt entgegengebracht. Alle grüßen ihn und nennen ihn #Hadji. 2007 ist er nach Mekka gepilgert.

941 Die zweite Episode war ein Großanschlag im Februar 2004. Von ihm hat mir mein Onkel selbst erzählt.

942 Dabei ging es um einen Hinterhalt für den US-Oberbefehlshaber im Irak, den amerikanischen Vier-Sterne-General John Abizaid.

943 Meinem Onkel zufolge haben 2004 verschiedene bewaffnete Gruppen durchaus noch kooperiert, vor allem bei geplanten Anschlägen auf hochrangige Ziele.

944 Zu dieser Zusammenarbeit gehörte aber auch die Ausbildung von Al-Qaida-Mitgliedern durch ehemalige Offiziere wie meinen Onkel.

945 Diesmal jedoch ging es um einen Anschlag gegen einen amerikanischen Konvoi, in dem, neben anderen namhaften Offizieren, auch Abizaid saß.

946 Ein ganzes Dutzend bewaffneter Gruppierungen hatte diesen Hinterhalt vorbereitet. Von Al-Qaida bis zu den Nationalisten, zu denen mein Onkel gehörte.

947 Onkel Ayad war in der ersten Reihe dabei. Er schildert die Brutalität dieses Überraschungsschlags gegen mehrere Dutzend amerikanische und irakische Panzer.

948 Seine Augen leuchten, während er mir diese Geschichte erzählt. Von der Panik auf den Gesichtern der GIs. Und von Abizaid und seiner Eskorte.

949 »Der General ist hintenüber gekippt. Seine Leute haben ihn aufgehoben und in einen *Humvee* geworfen, der mit ihm losgerast ist. Knapp entkommen.«

950 Mein Onkel und die anderen wussten, dass Abizaid dabei sein würde. Woher hatten sie diese Information, wenn nicht von der irakischen Polizei? Darauf habe ich nie eine Antwort erhalten.

951 Am nächsten Morgen holt mich Abu Yunis ab.
Er möchte mir etwas zeigen. Eine Reihe von Fotos,
die er sich bei den Nachbarn geholt hat.

952 Mit ernstem Gesicht erzählt er mir, dass es hier
seit der Schlacht um Falludscha 2004 auffallend viele
Missbildungen bei Neugeborenen gibt.

953 Die Bilder sind schrecklich. Man sieht Säuglinge
mit verbogenen Beinen. Andere ohne Arme. Manche
sogar ohne Augen. So was habe ich noch nie gesehen.

954 Die Ärzte im Krankenhaus von Falludscha sind
ratlos, überfordert, sie haben nicht die Möglichkeiten,
den Kindern zu helfen, aber niemand hört ihnen zu.

955 Ich bin fassungslos, dass sich auch drei Jahre
nach der Schlacht von Falludscha noch keiner für diese
gehäuften Fehlbildungen interessiert hat.

956 Ich stecke die Fotos in meinen Rucksack. Besorge
mir ein Maximum an Fakten. Abu Yunis zählt darauf,
dass ich die Sache zur Sprache bringe. Die Ärzte auch.

957 »Du bist ein Sohn dieser Stadt, die Leute vertrauen
dir. Mit dir werden die Familien sprechen«, sagt Abu
Yunis. Denn das Thema ist heikel. Ein Tabu.

958 Ein missgebildetes Kind gilt als Schande.
Viele dieser Kinder leben ohnehin nicht lange.
Einige aber doch. Sie wachsen im Verborgenen auf.

959 Angesichts der chaotischen Situation, dem
Glaubenskrieg und der Besatzung, hat die Gesundheit
der Kinder von Falludscha in Bagdad keine Priorität.

960 Ich bin fest entschlossen, über dieses Thema
zu recherchieren. Es wird sicher eine Weile dauern,
aber ich werde die Antwort finden. *Inscha'Allah*.

961 Einige Tage vor meiner Abreise treffe ich noch mal meinen Onkel Ayad. Im Garten stehen zwei Fahrräder. Eins für ihn, eins für mich.

962 Wir fahren mit den Rädern durch die Stadt. Sie sind inzwischen das bevorzugte Fortbewegungsmittel meines Onkels. Er kennt jede Straße und jedes Viertel.

963 Mit dem Fahrrad kann er die vielen neuen Kontrollpunkte umgehen, die von der irakischen Polizei, der Sahwa und den Amerikanern eingerichtet wurden.

964 Nachdem wir auf dem Markt eingekauft haben, fahren wir nach Dschulan zurück. Vor einer Grundschule halten wir an.

965 Hier hatten sich die Amerikaner einquartiert, von hier aus haben sie die Dächer der Häuser überwacht.

966 Hier wurden die ersten friedlichen Demonstranten von amerikanischen Kugeln niedergemäht. Hier sind 19 Menschen gestorben, weil sie demonstriert haben.

967 Onkel Ayad zeigt mir den Ausgangspunkt des Aufstands. Den Höhepunkt des Nichtverstehens zwischen den Kulturen. Den Bruch.

968 Onkel Ayad kämpft nicht mehr. Er wird oft gefragt, aber er lebt weiterhin friedlich in Falludscha. Er hat sich verändert. Ist hart geworden. Sehr hart.

Abdallah II.
الملك عبد الله الثاني
(30. Januar 1962 –).
König von Jordanien
seit dem
7. Februar 1999,
Nachfolger seines
Vaters, König Hussein.

969 Wir verabschieden uns, ohne zu wissen, ob wir uns je wiedersehen. Am nächsten Tag soll mich ein Wagen nach Amman bringen, ins Reich von #König Abdallah.

970 Mit Abu Yunis und den anderen jungen Männern machen wir ein Foto im Garten. Ein letztes. Alle sind bewaffnet. Und lächeln. Alle außer mir.

971 Auf dem Weg nach Jordanien, in einem Taxi mit zwei Angehörigen des Halabsa-Stamms. Es regnet. Der Himmel ist trüb und grau, wie Falludscha.

972 Meine Kamera und die 23 Kassetten sind im Koffer verstaut. Sie enthalten alles, was ich für meine erste TV-Dokumentation auf Canal+ brauche.

973 Dazu habe ich noch viele Nachrichten für meinen Vater dabei. Und den Auftrag, die Ursache für die vielen Fehlbildungen bei Kindern in Falludscha herauszufinden.

974 Und Schuldgefühle, weil ich meine Familie ein weiteres Mal verlasse. Und Abu Yunis, mit dem mich eine Stammesfreundschaft verbindet. Bis ganz bald!

975 Bei Regen ist die Wüste grau. Eiseskälte und der Geruch nach feuchtem Sand. Unbehelligt passieren wir die irakische Grenze.

976 Auf jordanischer Seite wird es schwieriger. Gleich bei der ersten Kontrolle werde ich angehalten. Ein junger Franko-Iraker, ganz allein, das wirkt verdächtig.

977 Ein junger Wachmann durchsucht mein Gepäck, meine Brieftasche, meine Jacke. Er findet die Kamera und meine 23 Videokassetten. Macht große Augen.

978 Ich komme in den Genuss eines Gesprächs mit dem Leiter des Grenzpostens. Er spielt den Freundlichen. Hat den Brief von Onkel Emad gefunden.

979 Darin geht es um die »Helden« des irakischen Widerstands. Dann findet er das Foto von mir und meinen bewaffneten Freunden. Bin ich jetzt geliefert?

980 Er will meine Videokassetten sehen. Wählt eine per Zufall aus. Ich drücke auf *play*. Ein Fußballspiel in Falludscha. Der Leiter lächelt. Ich darf weiterfahren.

981 Die folgenden Jahre vergehen wie Minuten.
2008 laufen die amerikanischen Soldaten nicht mehr
durch die Straßen. Sie fahren nur noch in Konvois.
Die Iraker spucken vor ihnen aus.

982 Der Lärm von Bagdad ist immer noch derselbe.
Hubschrauber donnern zu zweit über uns hinweg.
Schüsse wecken und wiegen uns.

983 Auch die Korruption ist immer noch dieselbe.
Die Regierung vergibt dubiose Bauaufträge
und bestellt unnötige Ausrüstung.

984 Und auch das Öl ist immer noch da. Aber das irakische Volk hat keinen Nutzen davon. Die Staatskasse
wird immer voller. Die Hoffnung immer kleiner.

985 Und ich bin auch immer noch da. Allein. Meine
Verwandten mütterlicherseits haben alle den Irak
verlassen. Ziellos wandere ich von Haus zu Haus.

986 2009 ist das Land von schwarzem Öl und rotem
Blut gefärbt. Viel zu lange schon riecht der Irak nach
dieser Mischung aus Schwefel und Hämoglobin.

987 *Blood for Oil.* Hätte man die Iraker gefragt, hätten sie
das Öl nur zu gern gegen den Frieden eingetauscht.
Was hat es für einen Sinn, auf dem Gold zu sterben?

988 Was bleibt von einem Land ohne Staat, wenige
Monate vor dem Abzug der amerikanischen Soldaten?
Ein paar zerstückelte Gebiete um die *pipelines* herum?

989 Die Amerikaner wollen den Irak verlassen,
aber nur, wenn das Haus gesichert ist. Die Schlüssel
werden den Öl-Gesellschaften übergeben.

990 Chinesen, Türken, Franzosen, Italiener, Russen
teilen die erschlossenen, aber schlecht bewirtschafteten
Ölfelder unter sich auf. Der Ausverkauf des Irak.

991 Auch 2010 setzt sich die Spirale des Niedergangs im Irak weiter fort. »*Yabooooo*.« Im Morgengrauen erheben sich die Klagerufe der Frauen. Fast alltäglich im Viertel. Wieder ist ein junger Mann gestorben.

992 Das sind die ›Klageweiber‹: Frauen, die nicht unbedingt zur Familie des Verstorbenen gehören. Sie kommen, um den Verlust einer Seele zu beklagen.

993 Auch eine Art, dem Schicksal zu trotzen. Der Trauer Ausdruck zu verleihen. Dem Verlust eines geliebten Menschen. Einem Unrecht, das Gesetz geworden ist.

994 Manche entscheiden sich für die stumme Ehrung. Die Zurückhaltung. Andere müssen ihr Unglück hörbar machen. Es herausschreien.

995 Ihre Klagen machen mir jedes Mal eine Gänsehaut. Ich sehe diese schwarz gekleideten Frauen vor mir, den Sarg in der Erde, die Tränen.

996 2011, kurz vor dem Abzug der amerikanischen Truppen, habe ich ein letztes Mal die Erlaubnis, sie zu filmen. Eine Woche in der Grünen Zone.

997 Zeit genug, mich mit ihnen anzufreunden. Die meisten sind jünger als ich. Zu Beginn des Krieges sind sie noch durch die Straßen von Bagdad gelaufen. Haben mit den Irakern gesprochen.

998 Nach 5 000 Toten in ihren Reihen haben die Soldaten keinerlei Kontakt mehr zur Bevölkerung. Die grüne Zone verlassen sie nur noch im Hubschrauber oder im Panzerkonvoi.

999 Eines Abends, als wir zusammensitzen, traue ich mich endlich, ihnen zu sagen, dass ich Iraker bin. Ich hatte Angst, sie zu schockieren, aber sie sind neugierig. Bestürmen mich mit Fragen.

1000 »Wie ist das Leben in Bagdad?« «Was ist der Unterschied zwischen Sunniten und Schiiten?« »Zwischen Arabern und Kurden?« Sie sind schon acht Jahre hier und haben immer noch keine Ahnung...

2011 Good Bye America!

Heute ist das Land zerrissen. Gespalten. Ein Schlacht-
feld zwischen bewaffneten Gruppen, die aus dem
Ausland unterstützt werden.

An diesem Abend kann ich ihnen in die Augen schauen
und ihnen sagen, was ich denke. Ich sage ihnen,
dass man Freiheit nicht erzwingen kann. Dass sie
eintausend Diktatoren befreit haben, um einen zu Fall
zu bringen. Dass sie ein Land aufgrund einer Lüge
zerstört haben. Dass sie es zum Kampfplatz von
Terrorgruppen gemacht haben, von ausländischen
Mächten unterstützt, die nur ihre eigenen Interessen
verfolgen. Dass sie mehr Schaden als Nutzen
angerichtet haben. Und dass sie hier, genau genommen, überhaupt nichts zu suchen hatten. Dass der Irak,
von dem ich als Kind geträumt habe und den mein
Vater so geliebt hat, der Irak, durch den der Euphrat
fließt, dessen Namen ich trage, dass dieser Irak
für immer verloren ist.

Diesen Irak gibt es nicht mehr.

Chronologie
der Ereignisse

22. September 1980	Der Irak erklärt dem Iran den Krieg
20. August 1988	Irak und Iran unterzeichnen eine Waffenruhe
2. August 1990	Der Irak marschiert in Kuwait ein
6. August 1990	Die UNO verhängt ein Embargo
17. Januar 1991	Die USA und ihre 27 Alliierten beginnen die Operation *Wüstensturm* und greifen den Irak an
28. Februar 1991	Die Kämpfe werden eingestellt
Mai 1996	Der Vertrag »Öl für Lebensmittel« wird unterzeichnet
18. März 2003	Georges W. Bush stellt Saddam Hussein ein Ultimatum
20. März 2003	Beginn des Krieges gegen den Irak
9. April 2003	Der Fall von Bagdad
13. Dezember 2003	Saddam Hussein wird verhaftet
22. Februar 2006	Ein Sprengsatz detoniert in dem schiitischen Askari-Mausoleum in Samarra. Ein Krieg zwischen sunnitischen und schiitischen Milizen beginnt
7. Juni 2006	Abu Musab Al-Sarkawi, Anführer der Al-Qaida-Bewegung im Irak, wird bei einem Luftangriff der Amerikaner getötet
2006	Kurz nach dem Tod Al-Sarkawis fusioniert seine Gruppierung mit mehreren kleinen Extremistengruppen und nennt sich ab jetzt Islamischer Staat im Irak (ISIS)
30. Dezember 2006	Saddam Hussein wird gehängt
14. Dezember 2008	George W. Bush unterzeichnet in Bagdad eine Vereinbarung, die den Abzug der letzten amerikanischen Truppen aus dem Irak für Ende 2011 vorsieht
31. Dezember 2011	Die amerikanischen Truppen verlassen den Irak
Juni 2014	In Mossul wird der Islamische Staat (IS) ausgerufen

Contrechamp. On voit Omar dans le rétroviseur.

Mon oncle Ryad m'emmène seul.

Blink

Ma sœur, trop petite, est restée avec ma mère à Bagdad.

J'ai l'impression d'être à la campagne.

Oncle Riad tourne la tête pas très franchement non plus.

Cut sur une traînée de poudre avec des douilles vides autour

rien que pour moi.

Jusqu'au visage de Feurat.

Épisode 2: Les jouets de Falloujah

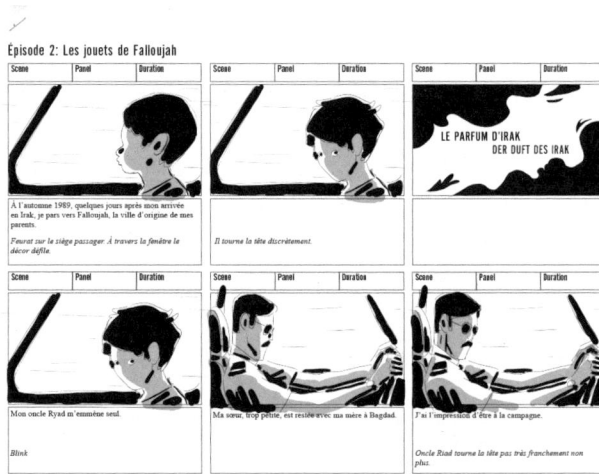

Scene	Panel	Duration

À l'automne 1989, quelques jours après mon arrivée en Irak, je pars vers Falloujah, la ville d'origine de mes parents.

Feurat sur le siège passager. À travers la fenêtre le décor défile.

Il tourne la tête discrètement.

LE PARFUM D'IRAK
DER DUFT DES IRAK

Scene	Panel	Duration

Mon oncle Ryad m'emmène seul.

Blink

Ma sœur, trop petite, est restée avec ma mère à Bagdad.

J'ai l'impression d'être à la campagne.

Oncle Riad tourne la tête pas très franchement non plus.

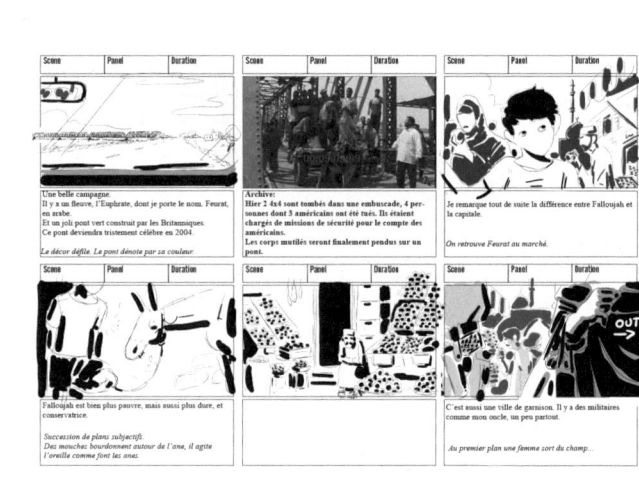

Une Toyota Royal Crown.
Il s'est élancé, sent bon le parfum et collectionne les petites amies.
La voiture freine d'une manière sportive. Le parfum rose d'Omar plane autour de lui. Scintillement sur les lunettes. La scène est volontairement «too much».

la voiture rugit.

Une belle campagne.
Il y a un fleuve, l'Euphrate, dont je porte le nom. Feurat, en arabe.
Et un joli pont vert construit par les Britanniques.
Ce pont deviendra tristement célèbre en 2004.

Le décor défile. Le pont dénote par sa couleur.

Archive:
Hier 2 4x4 sont tombés dans une embuscade, 4 personnes dont 3 américains ont été tués. Ils étaient chargés de missions de sécurité pour le compte des américains.
Les corps mutilés seront finalement pendus sur un pont.

Je remarque tout de suite la différence entre Falloujah et la capitale.

On retrouve Feurat au marché.

C'est la plus vieille université du monde. C'est aussi un îlot de liberté où les amourettes sont possibles.

Feurat au premier plan. Vue d'ensemble de l'université. Il plane partout le parfum rose d'Omar.
Mvt Cam lent.

Falloujah est bien plus pauvre, mais aussi plus dure, et conservatrice.

Succession de plans subjectifs.
Des mouches bourdonnent autour de l'âne, il agite l'oreille comme font les ânes.

C'est aussi une ville de garnison. Il y a des militaires comme nous sommes, un peu partout.

Au premier plan une femme sort du champ...

... L'ambiance

2 jeunes hommes passent au premier plan.
De grosses volutes de parfum se dégagent derrière eux.

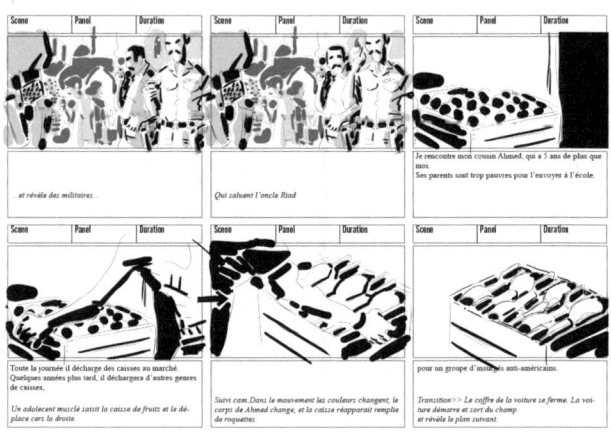

et révèle des militaires...

Qui saluent l'oncle Riad

Je rencontre mon cousin Ahmed, qui a 3 ans de plus que moi.
Ses parents sont trop pauvres pour l'envoyer à l'école.

Toute la journée il décharge des caisses au marché.
Quelques années plus tard, il déchargera d'autres genres de caisses.

Un adolescent musclé saisit la caisse de fruits et la déplace vers la droite.

Suivi cam. Dans le mouvement les couleurs changent, le corps d'Ahmed change, et la caisse réapparaît remplie de roquettes.

pour un groupe d'insurgés anti-américains.

Transition>> Le coffre de la voiture se ferme. La voiture démarre et sort du champ et révèle le plan suivant.

La guerre avec le Koweït est finie depuis deux ans, mais l'embargo toujours.

Zip la fermeture de la petite soeur.

J'ai grandi, le pays, lui, a dégringolé.

Chlac le super T-shirt de Feurat.

Zoom out. Le plan précédent était en fait le reflet de Feurat qui s'admire dans le miroir.

Transition fumée.

Scene	Panel	Duration		Scene	Panel	Duration		Scene	Panel	Duration		Scene

Plan, le coffre se ferme. La voiture part et sert de volet.

À la maison familiale, il n'y a pas de jouet.

Vue intérieure de la maison.

Je m'ennuie.

Feurat lève la tête. Blink raccord regard.

La caméra finit son mouvement sur un groupe qui s'amuse.

...comme Omar

On retrouve On

Des femmes donnent le sein à des nourrissons.
Une vieille dame regarde Feurat avec un sourire béat.

Une poule passe aux pieds des tontons.

Et les moukhabarats, les agents des renseignements, sont partout.

La voiture freir

Épisode3: L'amour interdit.

Scene	Panel	Duration		Scene	Panel	Duration		Scene	Panel	Duration		Scene

À l'automne 1989, je suis de retour à Bagdad avec ma mère et ma soeur.

Lent travelling sur une maison bourgeoise.

Si ma famille de Falloujah est modeste, celle de Bagdad est beaucoup plus aisée.

Lent travelling sur le jardin, des gens discutent, se rafraîchissent. On entend le bruit d'un arrosage automatique.
Au premier plan une balancelle se balance doucement.

Nous sommes à Yarmouk, un quartier huppé de la capitale.
On retrouve Feurat avec sa mère et sa soeur sur la balancelle.

On apprend que mon cousin a été arrêté. Il a disparu.

Plan très court. Brutal.

Ma famille est te
Quelques jours p
le retrouver.
Gouverneur de E
proche du pouvor
Noir avec texture

Je vais rencontrer mon cousin Omar.

Raccord dans l'axe sur Feurat.
On entend un bruit de voiture qui rugit et un Klaxon musical.

Feurat tourne la tête en direction du bruit.

LE PARFUM D'IRAK
DER DUFT DES IRAK

Noir avec texture

Scene	Panel	Duration		Scene	Panel	Duration		Scene	Panel	Duration		Scene

On entend frapper à la porte, quelques pas en réponse.

La porte s'ouvre et révèle 2 Moukhabarats (Tjs les mêmes)

Quelques mois plus tard, mon père est arrêté.

Plan de jour sur l'intérieur de l'université toujours baignée du parfum rose.
Omar rentre au premier plan. Lentement, tête baissée et s'arrête. Comme épuisé.

La jeune fille r
tête.

Il distribuait des tracts d'opposition au régime.

Vue de sous le lit. La porte est bousculée. La scène vient de se finir. On descend et on découvre au premier plan les tracts en question.

Il est enfermé et torturé à « Qassar Al Nihaya », une prison dont on ne sort pas vivant, la plupart du temps.

Noir avec texture bourdonnante

Pourquoi lui a-t-il la chance d'être libéré ? Impossible de le savoir.

On retrouve Amir dans un bus le visage très amoché.
La scène vibre au rythme du véhicule.

Puis ils baissent tous les deux la tête et continuent leur chemin.

La fille approche
m dissipant le

Vorige Doppelseite
Auszüge aus dem *storyboard*
der Animationsserie *Le parfum d'Irak*.
Arte Créative & Nova Production, 2018.

Danksagung
der Autoren

Feurat Alani dankt
Aden Alani, seinen Eltern Amir Alani und Wafa Al
Joumaily, seiner Schwester Aroi Alane, Adjou Ait Ben
Idir, Thomas Zribi, Sidonie Mangin, Isabelle Pailler,
Marie-Mathilde Bortolotti, Yoann De Roeck,
Sérigne Mbaye Gueye sowie seiner ganzen Familie.

Léonard Cohen dankt
Elsa Massoc und Chiara Cohen Massoc.

Französische Originalausgabe: *Le Parfum d'Irak*.
Copyright © 2018 Éditions Nova, © Arte Éditions

This edition published by arrangement with Marotte et Compagnie Agence
Littéraire in conjunction with their duly appointed co-agent Agence
Deborah Druba, Paris, France. All rights reserved.

© 2023 der deutschen Ausgabe:
Karl Rauch Verlag GmbH & Co. KG, Düsseldorf
Übersetzung: Annette von der Weppen
Lektorat: Matthias Wieland
Gestaltung: Yoann De Roeck
Satz: Sebastian Maiwind
Gedruckt unter Verwendung von mineralöl- und kobaltfreien Druckfarben,
auf EU-Ecolabel zertifiziertem Papier bei Aumüller Druck, Regensburg,
und gebunden bei der Verlagsbuchbinderei Conzella, Pfarrkirchen.
Printed in Germany. Alle Rechte vorbehalten.
1. Auflage, September 2023
ISBN 978-3-7920-0375-6

www.karl-rauch-verlag.de